Otto Schenk

Sachen zum Lachen

Otto Schenk (Hrsg.)
Sachen zum Lachen

Ein Lesebuch

Piper
München Zürich

ISBN 3-492-03703-8
4. Auflage, 26.–30. Tausend 1994

Gesetzt aus der Walbaum-Antiqua
Gesamtherstellung: Clausen & Bosse, Leck
Printed in Germany

Inhalt

Otto Schenk
Vorwort

Humor ist – ich kann kaum beschreiben, was das ist.

Ich habe meine Lexika durchgesehen, ich habe viele, sehr alte und sehr neue.

Zu meinem Trost haben auch die keine Ahnung, worum es sich beim Humor handelt.

Wenn in ihnen von Humor geschrieben wird, wird Goethe zitiert, von der ursprünglichen Bedeutung gefaselt, manche behaupten, daß Humor etwas mit Feuchtigkeit zu tun hat, daß es aus dem Boden, aus dem Humus kommt.

Ich muß mich an kompetentere Leute halten, als es die Autoren von lexikalischen Beiträgen sind. An Leute wie Hans Moser, der für mich einer der atemberaubendsten Komiker war: Er hat immer, wenn ihm ein Regisseur zeigen wollte, was komisch ist, die Diskussion abgelehnt, indem er sagte »Humor kann man nicht erklären«.

Was ist komisch?

Sicher nicht alle Aufsätze der Welt.

Sicher nicht Deutungen.

Sicher nicht, was ein Regisseur einem Schauspieler als komisch zeigt oder erklärt.

Sicher nicht die Abhandlungen in Programmheften.

Das immer noch kompetenteste Gremium ist das Publikum. Dies hier ist eine Sammlung von Dingen, die ich alle vor Publikum vorgetragen habe, die alle vor sehr verschiedenem Publikum erprobt sind. Ich habe das vorgetragen, vorgeturnt, vorkomödiantisiert – und in den verschiedensten Gegenden der deutschsprachigen Welt wurde darüber gelacht.

Und wenn Sie, Leserin, Leser, es daheim in die Hand nehmen, kann damit etwas passieren, was ich nicht vorhersehe.

Werden Sie Komödiant genug sein, es sich selbst so vorzulesen, daß Sie dann auch lachen?

Werden Sie amüsiert sein?

Werden Sie dort und da verstehen, was ich so komisch daran finde, und was ich mit meinen bescheidenen Mitteln einem Publikum als komisch verkauft habe?

Wird sich dieses Buch als komisch verkaufen?

Wird der Bazillus Humor aus seiner Feuchtigkeit heraustreten und Sie anstecken?

Das steht in den Sternen.

Wir haben einmal in Wien eine Rundfunksendung über den Humor gemacht. Kompetente Komiker und Witzereißer trafen sich mit Regisseuren und Schauspielern, die ihren Beitrag zum großen Lachen weiß Gott schon geleistet hatten.

Die Päpste des Humors, zu denen ich als kleiner Bischof gerade noch zugelassen war, trafen sich, ein bekannter Kritiker hatte die Leitung des Gesprächs: Daraus wurde die fadeste Sendung, die es je gegeben hat. Das Wort Humor wurde in endlosen Sätzen so oft gesagt, daß ich zuletzt doch wieder glaubte, es habe etwas mit Feuchtigkeit, mit Erde, mit Humus zu tun, denn es brachte uns alle in eine Begräbnisstimmung, es brachte uns alle in eine seltsame Weihestimmung.

Leute, die diese Fernsehsendung gesehen haben, erklärten nachher, das einzig Komische an ihr war, daß ich mich kaum wach halten konnte.

Ein gewitzter Kameramann hatte zwischendurch immer wieder eingefangen, wie ich angesichts der Diskussion über Humor mit dem Einschlafen kämpfte.

Ich hoffe, Sie sind nicht auch schon eingeschlafen.

Ich hoffe, Sie lesen trotzdem in den Texten weiter, in denen vielleicht die Spurenelemente des dürftigen deutschen Humors den Weg zum Lachen andeuten.

Ich bin diesen Weg an meinen vielen hundert Lese-Abenden gegangen.

Möge die Kraft des Lesers so stark sein, den Weg dorthin, wo gelacht wird, auch zu finden.

Humor sollte, um doch eine Pseudodefinition zu versuchen, immer zum Lachen führen. Und Lachen ist Verstehen, Kapieren, wie wir in Wien sagen. Lachen hat etwas mit gaunerischem Einverständnis zu tun.

Wenn ich mein Publikum beobachte, lachen sich immer die Paare an, wenn sie von mir überhaupt zum Lachen gebracht werden. Wie wenn sie sich ertappt fühlten.

Vielleicht hat der Humor auch mit Ertappen, mit Aufzeigen etwas zu tun.

Aber bevor ich mich wirklich mit Pseudodefinitionen abgebe, bevor die Gefahr entsteht, daß der Leser schon angesichts der Lektüre eines Vorworts über den Humor einschläft, lasse ich es sein.

Er soll die Chance haben, den Humor in diesem Buch, dieser Auswahl, zu finden, und selbstverständlich die Chance, zu lachen.

Alfred Polgar
Gesang mit Komödie

Von der Stimme der Sängerin sage ich nur so viel: »Eigentlich ist sie ein Mezzosopran.« Das kann man ohne besonderes Risiko von den meisten Altistinnen sagen.

Hingegen erachte ich die Dame für eine gute Schauspielerin. Ihr Talent offenbarte sich, in des Wortes Sinn, schon im ersten Augen-Blick. Wie sie den Saal überschaute, scheinbar nichts suchend, und doch hierbei allen Bekannten quittierte, daß sie ihr Vorhandensein erfreut wahrgenommen habe, das zeigte schon die Könnerin.

Von dem Begleiter wäre zu sagen, daß er diskret begleitete. Das ist so wie mit dem Mezzosopran.

Mit den Zugaben waren es zwoundzwanzig Lieder, die das Fräulein in den Saal schüttete. Blumen und Blümchen, kunterbunt entrupft dem Irrgarten der Gefühle. Mühelos sprang die Sängerin von Stimmung zu Stimmung, aus dem Warmen ins Eisige, von Schwermut zu Übermut, aus italienischem Sanguinismus mitten hinein in deutsche Herzensnot.

Wenn sie Lenz sang, blühte ihr Gesicht, die Augen tirilierten, und um den Mund spielten Sonnenreflexe.

Wenn sie sich in den Winter begab, wurde das Antlitz um Grade härter, und die Schultern rückten fröstelnd näher zueinander.

War das Lied traurig, war es noch viel mehr die Sängerin. Falte des Grams schnitt zwischen ihre schönen Brauen, die Wimpern gingen auf Halbmast, das Haupt fiel in den Nacken zurück, in ein unsichtbares Kissen der Schmerzen.

Hingegen sang sie Schalkhaftes mit vorgebeugtem Oberkörper, näher, vertrauter heran an die Hörer, gleichsam: niemand braucht es zu wissen, als ich und du.

Es war, sage ich, bewundernswert, wie die Sängerin von Lied zu Lied ihr Antlitz umbaute, wie sie alle Genres mienenspielte und den Schauplatz solchen Spiels in mancherlei Stärkegrad belichtete oder abdunkelte, wie sie im Sturm des Liedes wankte, auf seinem sanften Lüftchen sich wiegte, tragische Erscheinung war und une drôle petite fille.

Auch sie ist gewiß durch die labyrinthische Hölle der »Methoden« gegangen, hat Geheimturnkünste der Bauchmuskulatur gelernt, das Singen aus den Schulterblättern, die Tongebung vom Zwerchfell her, das Luftsaugen in der Beckengegend, das Anlegen von Atemreserven in der Nasenmuschel, das Polieren des Klangs durch Wälzen über die s-förmig gebogene Zunge. Aber all' diese Fakirkünste deckt ihr schauspielerisches Talent. Man sieht nicht, wie sie's treibt. Das Gesangstechnische ist restlos eingebaut in die mimische und körperliche, scheinbar nur dem Ausdruck dienende Bewegung.

Ihren darstellerischen Höhepunkt erklomm die Altistin während der klavieristischen Nachspiele. Mit ihrem Part schon fertig, erfüllte sie bewundernswert die Aufgabe, ihre Miene nicht zu entspannen, den inneren Ton zu halten, bis der Pianist ausmusiziert hatte; und hierzu ein entrücktes Gesicht zu machen, als stünde sie noch ganz im Bann des Liedkunstwerkes, das da in mehr oder weniger Takten klavieristisch veratmete. Sie entschwand gleichsam seelisch und ließ nur ihren Körper als Pfand dafür zurück, daß sie nach Klavierschluß wieder komplett da sein würde. Ihre Züge glätteten sich mit einer so exakt ausgemessenen Allmählichkeit, daß sie genau beim letzten Ton des Klaviers den Normalpunkt erreicht hatten. Sorglos kreditierte sie dem Publikum noch die paar Nachspieltakte lang den Beifall, sicher, daß er durch solch kurze Verhaltung an Stärke nur gewinnen würde.

Ich weiß nicht, ob ihr der Rang einer bedeutenden Sängerin zukommt. Der einer bedeutenden Komödiantin gewiß.

Die Stimme? Die Stimme ist eigentlich ein Mezzosopran.

Johannn Wolfgang von Goethe
Rettung

Mein Mädchen ward mir ungetreu,
Das machte mich zum Freudenhasser;
Da lief ich an ein fließend Wasser,
Das Wasser lief vor mir vorbei.

Da stand ich nun, verzweifelnd, stumm,
Im Kopfe war mirs wie betrunken,
Fast wär ich in den Strom gesunken,
Es ging die Welt mit mir herum.

Auf einmal hört ich was, das rief –
Ich wandte just dahin den Rücken –
Es war ein Stimmchen zum Entzücken:
»Nimm dich in acht! Der Fluß ist tief.«

Da lief mir was durchs ganze Blut,
Ich seh, so ists ein liebes Mädchen;
Ich frage sie: Wie heißt du? »Käthchen!«
O schönes Käthchen! Du bist gut.

Du hältst vom Tode mich zurück,
Auf immer dank ich dir mein Leben;
Allein das heißt mir wenig geben,
Nun sei auch meines Lebens Glück!

Und dann klagt ich ihr meine Not,
Sie schlug die Augen lieblich nieder;

Ich küßte sie und sie mich wieder,
Und – vor der Hand nichts mehr von Tod.

Beruf des Storchs

Der Storch, der sich von Frosch und Wurm
An unserm Teiche nähret,
Was nistet er auf dem Kirchthurm?
Wo er nicht hingehöret.

Dort klappt und klappert er genung,
Verdrießlich anzuhören;
Doch wagt es weder Alt noch Jung
Ihm in das Nest zu stören.

Wodurch – gesagt mit Reverenz –
Kann er sein Recht beweisen?
Als durch die löbliche Tendenz
Aufs Kirchendach zu...

Heinrich Heine
Alte Rose

Eine Rosenknospe war
sie, für die mein Herze glühte;
doch sie wuchs, und wunderbar
schoß sie auf in voller Blüte.

Ward die schönste Ros' im Land,
und ich wollt die Rose brechen,
doch sie wußte mich pikant
mit den Dornen fortzustechen.

Jetzt, wo sie verwelkt, zerfetzt
und verklatscht von Wind und Regen –
liebster Heinrich bin ich jetzt,
liebend kommt sie mir entgegen.

Heinrich hinten, Heinrich vorn,
klingt es jetzt mit süßen Tönen;
sticht mich jetzt etwa ein Dorn,
ist es an dem Kinn der Schönen.

Allzu hart die Borsten sind,
die des Kinnes Wärzchen zieren –
geh ins Kloster, liebes Kind,
oder lasse dich rasieren.

Sie sassen und tranken am Theetisch,
Und sprachen von Liebe viel.
Die Herren, die waren ästhetisch,
Die Damen von zartem Gefühl.

Die Liebe muß sein platonisch,
Der dürre Hofrat sprach.
Die Hofrätin lächelt ironisch,
Und dennoch seufzet sie: Ach!

Der Domherr öffnet den Mund weit:
Die Liebe sei nicht zu roh,
Sie schadet sonst der Gesundheit.
Das Fräulein lispelt: Wieso?

Die Gräfin spricht wehmütig:
Die Liebe ist eine Passion!
Und präsentiert gütig
Die Tasse dem Herrn Baron.

Am Tische war noch ein Plätzchen,
Mein Liebchen, da hast du gefehlt.
Du hättest so hübsch, mein Schätzchen,
Von deiner Liebe erzählt.

Peter Altenberg
Im Volksgarten

»Ich möchte einen blauen Ballon haben! Einen blauen Ballon möchte ich haben!«

»Da hast du einen blauen Ballon, Rosamunde!«

Man erklärte ihr nun, daß darinnen ein Gas sich befände, leichter als die atmosphärische Luft, infolgedessen etc. etc.

»Ich möchte ihn auslassen...«, sagte sie einfach.

»Willst du ihn nicht lieber diesem armen Mäderl dort schenken?!?«

»Nein, ich will ihn auslassen...!«

Sie läßt den Ballon aus, sieht ihm nach, bis er verschwindet in den blauen Himmel.

»Tut es dir nun nicht leid, daß du ihn nicht dem armen Mäderl geschenkt hast?!?«

»Ja, ich hätte ihn lieber dem armen Mäderl geschenkt!«

»Da hast du einen andern blauen Ballon, schenke ihr diesen!«

»Nein, ich möchte den auch auslassen in den blauen Himmel!«

Sie tut es.

Man schenkt ihr einen dritten blauen Ballon.

Sie geht von selbst hin zu dem armem Mäderl, schenkt ihr diesen, sagt: »Du, lasse ihn aus!«

»Nein«, sagt das arme Mäderl, blickt den Ballon begeistert an.

Im Zimmer flog er an den Plafond, blieb drei Tage

lang picken, wurde dunkler, schrumpfte ein, fiel tot herab als ein schwarzes Säckchen.

Da dachte das arme Mäderl: »Ich hätte ihn im Garten auslassen sollen, in den blauen Himmel, ich hätte ihm nachgeschaut, nachgeschaut...!«

Währenddessen erhielt das reiche Mäderl noch zehn Ballons, und einmal kaufte ihr der Onkel Karl sogar alle dreißig Ballons auf einmal. Zwanzig ließ sie in den Himmel fliegen und zehn verschenkte sie an arme Kinder. Von da an hatten Ballons für sie überhaupt kein Interesse mehr.

»Die dummen Ballons...«, sagte sie.

Und Tante Ida fand infolgedessen, daß sie für ihr Alter ziemlich vorgeschritten sei!

Das arme Mäderl träumte: »Ich hätte ihn auslassen sollen, in den blauen Himmel, ich hätte ihm nachgeschaut und nachgeschaut...!«

Peter Hammerschlag

Abschiedsbrief
des poetisch veranlagten Stubenmädchens Lisi
an ihren Elektriker

Jetzt liegst in meinem Herz Du bei die Toten.
Für Dich zahlt sich mir keine Träne aus.
Sie sollen glücklich sein mit dera Roten.
Mit dieser Dirne. (Weiß das ganze Haus.)

Ein Heckenröslein liegt im Tal entblättert.
Wer sich dran sticht, der zahlt's mit seinem Blut.
Dem Felsblock ist es gleich, wen er zerschmettert.
Kopf hoch, o Herz! Verliere nicht den Mut!

Auch fahre ich im Frühjahr nach Amstetten
Und wohne dorten bei der Wetti-Tant.
Es wäre schön, wenn Sie mir schreiben täten,
Nachdem das müde Herz den Frieden fand.

Ein jedes Herz braucht einen treuen Finder.
Auch habe derzeit einen Bräutigam.
Ein Witwer. Selchermeister mit drei Kinder.
Und ziehn wir auf den Herbst bereits zusamm.

Sirenen sind das, diese roten Katzen.
Auf sowas stehn die Herrn. Ich gönn's Dir eh.
Die wascht mit Reismehl heimlich sich die Pratzen
Und tragt ein schwarzes Seidenkombiné.

Zerrissen hab ich Deine Ansichtskarten
Und aus dem Prater unser Fotobild.

Und tun Sie bitte nicht mehr unten warten.
Die Gnädige ist ohnehin schon wild.

Lisi

P. S. Entschuldigen, daß ich so zittrig schreibe
Und welken Männerschwüre schrecklich schnell.
Kein wilder Tiger ist zu einem Weibe
So schlecht wie ein Elektrikergesell.

Kurt Tucholsky
Wo kommen die Löcher im Käse her?

Das Werk zwingt schon durch die Gelehrsamkeit, die in ihm verkocht erscheint, Bewunderung ab, besonders einem Leser wie mir, dessen Bildung an Emmenthaler-Käse erinnert, indem sie wie dieser größtenteils aus Lücken besteht. *Alfred Polgar*

Wenn abends wirklich einmal Gesellschaft ist, bekommen die Kinder vorher zu essen. Kinder brauchen nicht alles zu hören, was Erwachsene sprechen, und es schickt sich auch nicht, und billiger ist es auch. Es gibt belegte Brote; Mama nascht ein bißchen mit, Papa ist noch nicht da.

»Mama, Sonja hat gesagt, sie kann schon rauchen – sie kann doch noch gar nicht rauchen!« – »Du sollst bei Tisch nicht reden.« – »Mama, guck mal die Löcher in dem Käse!« – Zwei Kinderstimmen, gleichzeitig: »Tobby ist aber dumm! Im Käse sind doch immer Löcher!« Eine weinerliche Jungenstimme: »Na ja – aber warum? Mama? Wo kommen die Löcher im Käse her? – »Du sollst bei Tisch nicht reden!« – »Ich möcht aber doch wissen, wo die Löcher im Käse herkommen!« – Pause. Mama: »Die Löcher ... also ein Käse hat immer Löcher, da haben die Mädchen ganz recht! ... ein Käse hat eben immer Löcher.« – »Mama! Aber dieser Käse hat doch keine Löcher! Warum hat der keine Löcher? Warum hat der Löcher?« – »Jetzt schweig und iß. Ich hab dir schon hundertmal gesagt, du sollst bei Tisch nicht reden! Iß!« – »Bwww –! Ich möcht aber wissen, wo die Löcher im Käse... aua, schubs doch nicht immer...!« Geschrei. Eintritt Papa.

»Was ist denn hier los? Gun Ahmt!« – »Ach, der Junge ist wieder ungezogen!« – »Ich bin gahnich ungezogen! Ich will nur wissen, wo die Löcher im Käse herkommen. Der Käse da hat Löcher, und der hat keine –!« Papa: »Na, deswegen brauchst du doch nicht so zu brüllen! Mama wird dir das erklären!« – Mama: »Jetzt gib du dem Jungen noch recht! Bei Tisch hat er zu essen und nicht zu reden!« – Papa: »Wenn ein Kind was fragt, kann man ihm das schließlich erklären! Finde ich.« – Mama: »Toujours en présence des enfants! Wenn ich es für richtig finde, ihm das zu erklären, werde ich ihm das schon erklären. Nu iß!« – »Papa, wo doch aber die Löcher im Käse herkommen, möcht ich doch aber wissen!« – Papa: »Also, die Löcher im Käse, das ist bei der Fabrikation; Käse macht man aus Butter und aus Milch, da wird er gegoren, und da wird er feucht; in der Schweiz machen sie das sehr schön – wenn du groß bist, darfst du auch mal mit in die Schweiz, da sind so hohe Berge, da liegt ewiger Schnee darauf – das ist schön, was?« – »Ja. Aber Papa, wo kommen denn die Löcher im Käse her?« – »Ich habs dir doch eben erklärt: die kommen, wenn man ihn herstellt, wenn man ihn macht.« – »Ja, aber... wie kommen denn die da rein, die Löcher?« – »Junge, jetzt löcher mich nicht mit deinen Löchern und geh zu Bett! Marsch! Es ist spät!« – »Nein! Papa! Noch nicht! Erklär mir doch erst, wie die Löcher im Käse...« Bumm. Katzenkopf. Ungeheuerliches Gebrüll. Klingel.

Onkel Adolf. »Guten Abend! Guten Abend, Margot – 'n Ahmt – na, wie gehts? Was machen die Kinder?

Tobby, was schreist du denn so?« – »Ich will wissen ...« – »Sei still ...!« »Er will wissen ...« – »Also jetzt bring den Jungen ins Bett und laßt mich mit den Dummheiten in Ruhe! Komm, Adolf, wir gehen so lange ins Herrenzimmer; hier wird gedeckt!« – Onkel Adolf: »Gute Nacht! Gute Nacht! Alter Schreihals! Nu hör doch bloß mal ...! Was hat er denn?« – »Margot wird mit ihm nicht fertig – er will wissen, wo die Löcher im Käse herkommen, und sie hats ihm nicht erklärt.« – »Hast dus ihm denn erklärt?« – »Natürlich hab ichs ihm erklärt.« – »Danke, ich rauche jetzt nicht – sage mal, weißt du denn, wo die Löcher im Käse herkommen?« – »Na, das ist aber eine komische Frage! Natürlich weiß ich, wo die Löcher im Käse herkommen! Die entstehen bei der Fabrikation durch die Feuchtigkeit ... das ist doch ganz einfach!« – »Na, mein Lieber ... da hast du dem Jungen aber ein schönes Zeugs erklärt! Das ist doch überhaupt keine Erklärung!« – »Na, nimm mirs nicht übel – du bist aber komisch! Kannst du mir denn erklären, wo die Löcher im Käse herkommen?« – »Gott sei Dank kann ich das.« – »Also bitte.«

»Also die Löcher im Käse entstehen durch das sogenannte Kaseïn, was in dem Käse drin ist.« – »Das ist doch Quatsch.« – »Das ist kein Quatsch.« – »Das ist wohl Quatsch; denn mit dem Kaseïn hat das überhaupt nichts zu ... gun Ahmt, Martha, gun Ahmt, Oskar ... bitte, nehmt Platz. Wie gehts? ... überhaupt nichts zu tun!«

»Was streitet ihr euch denn da rum?« – Papa: »Nu bitt ich dich um alles in der Welt; Oskar! du hast doch studiert und bist Rechtsanwalt: haben die Löcher im Käse irgend etwas mit Kaseïn zu tun?« – Oskar: »Nein. Die Käse im Löcher ... ich wollte sagen: die Löcher im

Käse rühren daher... also die kommen daher, daß sich der Käse durch die Wärme bei der Gärung zu schnell ausdehnt!« Hohngelächter der plötzlich verbündeten reisigen Helden Papa und Onkel Adolf: »Haha! Hahaha! Na, das ist eine ulkige Erklärung! Der Käse dehnt sich aus! Hast du das gehört? Haha...!«

Eintritt Onkel Siegismund, Tante Jenny, Dr. Guggenheimer und Direktor Flackeland. Großes »Guten Abend! Guten Abend! – ...gehts? ...unterhalten uns gerade... sogar riesig komisch... ausgerechnet Löcher im Käse! ...es wird gleich gegessen... also bitte, dann erkläre du –!«

Onkel Siegismund: »Also – die Löcher im Käse kommen daher, daß sich der Käse bei der Gärung vor Kälte zusammenzieht!« Anschwellendes Rhabarber, Rumor, dann großer Ausbruch mit voll besetztem Orchester: »Haha! Vor Kälte! Hast du schon mal kalten Käse gegessen? Gut, daß Sie keinen Käse machen, Herr Apolant! Vor Kälte! Hähä!« – Onkel Siegismund beleidigt ab in die Ecke.

Dr. Guggenheimer: »Bevor man diese Frage entscheiden kann, müssen Sie mir erst mal sagen, um welchen Käse es sich überhaupt handelt. Das kommt nämlich auf den Käse an!« Mama: »Um Emmenthaler! Wir haben ihn gestern gekauft... Martha, ich kauf jetzt immer bei Danzel, mit Mischewski bin ich nicht mehr so zufrieden, er hat uns neulich Rosinen nach oben geschickt, die waren ganz...« Dr. Guggenheimer: »Also, wenn es Emmenthaler war, dann ist die Sache ganz einfach. Emmenthaler hat Löcher, weil er ein Hartkäse ist. Alle Hartkäse haben Löcher.«

Direktor Flackeland: »Meine Herren, da muß wohl wieder mal ein Mann des praktischen Lebens kommen... die Herren sind ja größtenteils Akademiker...« (Niemand widerspricht.) »Also, die Löcher im Käse sind Zerfallsprodukte beim Gärungsprozeß. Ja. Der... der Käse zerfällt, eben... weil der Käse...« Alle Daumen sind nach unten gerichtet, das Volk steht auf, der Sturm bricht los! »Pö! Das weiß ich auch! Mit chemischen Formeln ist die Sache nicht gemacht!«

Eine hohe Stimme: »Habt ihr denn kein Lexikon –?«

Sturm auf die Bibliothek. Heyse, Schiller, Goethe, Boelsche, Thomas Mann, ein altes Poesiealbum – wo ist denn... richtig!

GROBKALK BIS KERBTIERE

Kanzel, Kapital, Kapitalertragssteuer, Karbatsche, Kartätsche, Karwoche, Käse –! »Laß mich mal! Geh mal weg! Pardon! Also:

›Die blasige Beschaffenheit mancher Käsesorten rührt her von einer Kohlensäureentwicklung aus dem Zucker der eingeschlossenen Molke.‹« Alle, unisono: »Hast es. Was hab ich gesagt?« ...»›eingeschlossenen Molke und ist‹ ...wo geht denn das weiter? Margot, hast du hier eine Seite aus dem Lexikon rausgeschnitten? Na, das ist doch unerhört – wer war hier am Bücherschrank? Sind die Kinder...? Warum schließt du denn den Bücherschrank nicht ab?« – »›Warum schließt du den Bücherschrank nicht ab‹ ist gut – hundertmal hab ich dir gesagt, schließ du ihn ab –« »Nu laßt doch mal: also wie war das? Ihre Erklärung war falsch. Meine Erklärung war richtig.« – »Sie haben gesagt, der Käse kühlt sich ab!« – » Sie haben gesagt, der Käse kühlt sich ab – ich hab gesagt, daß sich der Käse erhitzt!« – »Na also, dann haben Sie doch nichts von der kohlensauren Zuckermolke gesagt, wie da drin steht!« – »Was du gesagt hast, war überhaupt Blödsinn!« – »Was verstehst du von Käse? Du kannst ja nicht mal Bolles Ziegenkäse von einem alten Holländer unterscheiden!« – »Ich hab vielleicht mehr alten Holländer in meinem Leben gegessen wie du!« – »Spuck nicht, wenn du mit mir sprichst!« Nun reden alle mit einem Mal. – Man hört:

– »Betrag dich gefälligst anständig, wenn du bei mir zu Gast bist...!« »saurige Beschaffenheit der Muckerzolke...« »mir überhaupt keine Vorschriften zu machen!«... »Bei Schweizer Käse – ja! Bei Emmenthaler Käse – nein!...« »Du bist hier nicht bei dir zu Hause! Hier sind anständige Leute...« – »Wo denn –? Das nimmst du zurück! Das nimmst du sofort zurück! Ich lasse nicht in meinem Hause meine Gäste beleidigen – ich lasse in meinem Hause meine Gäste nicht beleidigen! Du gehst mir sofort aus dem Haus!« – »Ich bin froh, wenn ich raus bin – Deinen Fraß brauche ich nicht!« »Du betrittst mir nicht mehr meine Schwelle!« – »Meine Herren, aber das ist doch...!« – »Sie halten überhaupt den Mund – Sie gehören nicht zur Familie!...« – »Na, das hab ich noch nicht gefrühstückt!« – »Ich als Kaufmann...!« – »Nu hören Sie doch mal zu: Wir hatten im Kriege einen Käse –« – »Das war keine Versöhnung! Es ist mir ganz egal, und wenn du platzt: Ihr habt uns betrogen, und wenn ich mal sterbe, betrittst du nicht mein Haus!« – »Erbschleicher!« – »Hast du das –!« – »Und ich sage es ganz laut, damit es alle hören: Erbschleicher! So! Und nu geh hin und verklag mich!« – »Lümmel! Ein ganz fauler Lümmel, kein Wunder bei dem Vater!« – »Und deine? Wer ist denn deine? Wo hast du denn deine Frau her?« – »Raus! Lümmel!« – »Wo ist mein Hut? In so einem Haus muß man ja auf seine Sachen aufpassen!« – »Das wird noch ein juristisches Nachspiel haben! Lümmel!…« – »Sie mir auch –!«

In der Türöffnung erscheint Emma, aus Gumbinnen, und spricht: »Jnädje Frau, es is anjerichtet –!«

*

4 Privatbeleidigungsklagen. 2 umgestoßene Testamente. 1 aufgelöster Soziusvertrag. 3 gekündigte Hypotheken. 3 Klagen um bewegliche Vermögensobjekte: ein gemeinsames Theaterabonnement, einen Schaukelstuhl, ein elektrisch heizbares Bidet. 1 Räumungsklage des Wirts.

Auf dem Schauplatz bleiben zurück ein trauriger Emmenthaler und ein kleiner Junge, der die dicken Arme zum Himmel hebt und, den Kosmos anklagend, weithinhallend ruft:

»Mama! Wo kommen die Löcher im Käse her –?«

Ernst Kein
Wiener Panoptikum

Waun i sinia
i dua des oft
i bin a mensch
dea füü siniad
und jedesmoi
waun i des dua
wia soi i sogn
a jedesmoi hoid
waun i so sinia
nau jo
do schlof i ei

I woa scho
in kaoale
in jesolo
und auf da insl rab

i ken di wöd
mia kenans nix
dazön

Waunsd a glik hosd
kaunst bei ana bodfoat
auf da oedn daunau segn
wias an dasoffanan
aussezaan

waunsd a bech hosd
bistas söwa

De ringldaum und
de duatldaum und
de waundadaum und
de diakndaum und
de schtrossndaum und
de rauchfaungdaum und
de briafdaum und
de hausdaum und
de lochdaum

de ludan scheissn
ollas au

Waun an fiamling
da luftbalaun dafaufliagd
daun sog i imma
waan ned glana
wea waas fia wos guad is

Fois se a fremda san
und noch wean kuman
daun schdeigns glei
aum schdefansduam auffe
und schauns owe aum grom
aufs rodhaus und
auf di wotifkiachn
und daun ume zum koenbeag
zua daunau und zum risnral
und wauns des dau haum
schdeigns owa fon schdefansduam
und foans gschwind
wiida ham

Fileichd bin i
a aussnseita
owa imma
waun i ana oedn frau
es daschl ziag
daun muas i
aun mei muatal dengn

Waun i
da keisa
gwesn waa

daun hed i
ole maln
in da keantnaschdrossn

in da brodaschdrossn
und aum giatl
ausbrowiad

und nocha
hed i gsogt
es woa sea scheen
es hod mi sea gefreid

An lipizana

mecht i gauns
fia mi alaa

an lipizana
groos und
weis und
ausgschtopft
mecht i

oda wenigstns
an sengagnabn

Kurt Tucholsky
Deutsch für Amerikaner
Ein Sprachführer

Ankunft

Eingang verboten.
Ausgang verboten.
Durchgang verboten.
Herr Gepäckträger, tun Sie diese Koffer auf die leichte Schulter nehmen?
Ich werde mir einen Sonnabend daraus machen, mein Herr.
Ist jene Automobildroschke ledig?
Warten Sie, wir haben noch einen Golfhauer sowie zwei Hüteschächtel.
Dies hier ist Ihr Getränkegeld, ist es nicht?
Bezüglich dessen scheint es mir ein wenig wenig. (Sprich: »krieje noch fummssich Fennje!«)
Autotreiber! Geh an! Ich ziehe das Christliche Hospiz vor!
Rauchen verboten.
Parken verboten.
Durchfahrt verboten.

Begrüssungen

Guten Tag, wie fühlen Sie?

Heute ist ein wahrlich feiner Tag, ist es nicht?

Sie sehen aus wie Ihre eigne Großmutter, gnädige Frau!

Darf ich Ihnen meinen lieben Mann vorstellen; nein, dieser hier!

Ich bin sehr froh, Sie zu sehen; wie geht es Ihrem Herrn Stiefzwilling?

Werfen Sie das häßliche Kind weg, gnädige Frau; ich mache Ihnen ein neues, ein viel schöneres.

Guten Morgen! (sprich: Mahlzeit!)

Guten Tag! (sprich: Mahlzeit!)

Guten Abend! (sprich: Mahlzeit!)

Danke, es geht uns gut – wir leben von der Differenz.

Im Restaurant

Bringen Sie mir eine Portion Zahnstocher sowie das Adressenbuch.

Das ist nicht mein Revier.

Meine Frau wünscht einen Wiener Schnitzer; ich habe Zitronenschleim gewählt.

Das ist nicht mein Revier.

Bringen Sie mir einen kokainfreien Kaffee.

Wir haben in Amerika die Verhinderung; bringen Sie mir daher eine Flasche eisgekühlten Burgunders, auch drei Gläser Whisky mit Gin sowie kein Selterwasser.

Das ist nicht mein Revier.

Auf dem Postamt

Dieser Schalter ist geschlossen.

Sie müssen sich auf den Hintern anstellen.

Ich erwarte schon seit Jahren eine größere Geldsendung.

Wo ist die Schaltung für freie Marken und die Briefschaukel?

Wollen Sie so kindlich sein, hinten meine Marke anzulecken?

In dieser Telefonzelle riecht man nicht gut.

Hallo! Ich wünsche eine Nummer zu haben, aber der Telefonfräulein gewährt sie mir nicht.

Meine Näm ist Patterson; ich bin keine Deutsch; hier ist mein Paßhafen.

Des Nachts

Sie sind ein Süßherz, mein Liebling, tun Sie so?

Das ist mir zu teuer.

Ei, mein Fräulein, könnten Sie sich dazu verstehen, mich durch den Abend zu streifen?

In Paris gibt es solche Häuser; sie sind sehr praktisch.

Hätten Sie wohl die Gewogenheit, auch die Strümpfe abzulegen?

In Amerika tun wir so etwas nicht.

Dies ist wahrlich teuer; Sie sind ein Vamp.

Danke, meine Dame, ich habe schon eine Beziehung; sie (er) hat meine gänzliche Liebe.

Roda Roda
Johann Kiefer

Wer vor dem Krieg in Österreich gewesen ist, muß von Generalmajor Johann Kiefer gehört haben. Kiefer war ja berühmt: als der gütigste, der höflichste Offizier der Armee; wohlerzogen, edelherzig – gütig in jeder Faser, höflich von Blut, Seele und Natur.

Was Kiefer erlebte – ich hab es nicht erfunden – es hat sich wörtlich so abgespielt:

Generalmajor Johann Kiefer war Kommandant der innerösterreichischen Kavalleriedivision.

Und als dieser prachtvolle, grundgütige Generalmajor Johann Kiefer eines Tages hörte, daß bei einem seiner Regimenter – dort unten in Topola, Südsteiermark – ein Fall von Mannschaftsmißhandlung vorgekommen wäre (ein Husar hatte eine Ohrfeige abgekriegt) – da ließ sich's Generalmajor Johann Kiefer nicht verdrießen, setzte sich sofort auf die Eisenbahn und fuhr schnurstracks nach Topola; versammelte die Offiziere des Regiments um sich – den Obersten und die Rittmeister – und sagte – höflich, wie er von Charakter war:

»Meine Herren! Wir leben im Jahrhundert des Kindes. Ich wünsche, daß Sie meine Husaren wie Kinder behandeln.«

Das liebenswürdige Benehmen des Herrn Generalmajors machte den Rittmeistern Mut. Einer von ihnen – eben jener, der in die Ohrfeigengeschichte verwickelt war – trat vor und sagte:

»Herr General, ich melde gehorsamst, wir beziehen

unsre Mannschaft aus den fernsten Wäldern Siebenbürgens. Es sind wahre Bären. Wenn ich so 'n Kerl einsperre, legt er sich mir im Arrest auf die Pritsche und pfeift sich eins und ist froh, daß er kein Pferd putzen muß. Da bleibt dem Unterabteilungs-Kommandanten wirklich nichts übrig, Herr Generalmajor, als mal den Handschuh auszuziehen und den Kerl – ohne Brutalität, Herr General – aber doch mit einiger Energie auf den rechten Weg zurückzuführen.«

»Nein, Herr Rittmeister, nein und abermals nein. Auch im schlechtesten Schurken steckt ein guter Kern – und nur, indem Sie die Leute im Ehrenpunkt packen, können Sie brave Soldaten aus ihnen erziehen. – Herr Rittmeister! Bitte, bringen Sie mir den Mann, mit dem Sie glaubten in Güte nicht fertig zu werden; gerade an diesem Mann möchte ich Ihnen zeigen, wie ich meine Mannschaft behandelt wissen will.«

»Herr Generalmajor, ich melde gehorsamst, es ist ein ganz dreckiger Zigeuner; ich schäme mich geradezu, ihn vorzuführen.«

»Das gibt es nicht, Herr Rittmeister. Ich muß den Mann sofort sehen.«

Man brachte den Zigeuner. Nun, der Rittmeister hatte nicht gelogen; das Schwein kam daher... – etwa wie ein Jagdhund, der eben brackiert hat: schmutzig über die Ohren, mit scheu gefalteter Schnauze – das böse Gewissen im Kriegerkleid.

Der General begrüßte ihn mit Geigentönen:

»Nur näher, mein Sohn – du brauchst dich gar nicht vor mir zu fürchten. Weißt du auch, wer ich bin, mein lieber Junge?«

»Der Di..., der Herr Di..., der gnädige Herr Divi...«

»Ganz recht, mein Liebling: der Divisionär. Und du –

nicht wahr? – bist Zigeuner. Oh, schäm dich dessen nicht – es ist was Schönes um das freie Leben im luftigen Zelt, unter dem Himmelsdach. Weiß Gott, wenn ich nicht Generalmajor wäre... Aber lassen wir das! Sag, mein Kleiner: Wie heiße ich?«

Der Husar schmetternd – man hatte es ihm in hundert Instruktionsstunden tausendmal eingebüffelt:

»Exlex Feldschalleitnant Emmich Plöhn.«

»Du irrst, Bester! Exzellenz Feldmarschalleutnant Emmerich von Plöhn war früher dein Divisionär. Jetzt bin ich es. Ich, Johann Kiefer. Begreifst du? – Wie heißt also dein gegenwärtiger Divisionär??«

»Exlex Feldschalleitnant Emmich Plöhn.«

»Nicht doch, Junge! Hör mich in Ruhe an: Exzellenz von Plöhn war mein Vorgänger. Er ist nach vierzigjähriger, stets belobter Dienstzeit leider allzufrüh verschieden. Da haben Seine Majestät allergnädigst mich zu seinem Nachfolger zu ernennen geruht. Und hier stehe ich. Ich, Generalmajor Johann Kiefer, bin dein Divisionär. – Nun, mein Mäuschen – wie heißt also dein Divisionär?«

»Exlex Feldschalleitnant Emmich Plöhn.«

»Ja, Zigeuner, glaubst du mir am Ende nicht? Der Herr Oberst, die Herren Rittmeister – alle werden dir bestätigen: Exzellenz von Plöhn ist tot. Der geht dich nichts mehr an – du mußt ihn ganz vergessen. Er geht dich...« – (hier verließ den Herrn General einen Augenblick die Ruhe) – »der geht dich einen Dreck an. Und an seiner Stelle bin eben ich da: Ich, Generalmajor Jo–hann Kie–fer, bin dein gegenwärtiger Divisionär. – Nochmals also: Wie heißt dein gegenwärtiger Divisionär?«

»Exlex Feldschalleitnant Emmich Plöhn.«

Der General wischte sich den Schweiß von der Stirn. »Es ist doch...« murmelte er, »es ist doch...« Und tremolierte von neuem – lächelnd, gütig, scherzend:

»Fangen wir anders an: Husar! Hast du einen Vater?«

»Nein.«

»Du Ärmster! Doch du hast einen Vater gehabt.«

»Nein.«

Der General – um einen Ton lauter:

»Blödsinn – selbstverständlich hast du einen Vater gehabt, du Trottel. Und er ist jetzt tot. An seiner Stelle bist du da. Nun, und ebenso ist es bei mir: Exzellenz von Plöhn ist tot – und statt seiner bin jetzt ich, Generalmajor Johann Kiefer, dein Divisionär. Siehst du mich? Hier stehe ich vor dir, ich, Johann Kiefer. – Wie heiße ich?«

»Exlex Feldschalleitnant Emmich Plöhn.«

»Duu!« ruft der General drohend. »Paß auf, sag ich dir!« – Zu den Rittmeistern (die sich nicht einmal gemuckt haben): »Ich bitte mir Ruhe aus – ich werde es schon noch aus ihm herausbringen. – Aber ich will mich nicht aufregen... Fangen wir mal ganz anders an. – Du bist Husar – wie? Schön, mein Kind, ich bin auch Husar... Laß den Rang beiseite – wir sind Kameraden – Husar und Husar. Wir sehen einander heute zum erstenmal. Wir begegnen einander in der Kaserne – Husar und Husar. Nun möchte ich gern deinen Namen wissen – und du meinen Namen. Gib acht! Grüß Gott, Kamerad! Wie heißt denn *du*, mein lieber Zigeuner?«

»*Johann Kiefer*.«

Da aber – da holte der General aus und langte dem Zigeuner eine übern Löffel. Und holte nochmals aus und drosch ihm eine links. Er hätte ihm vielleicht noch eine dritte hineingehauen – doch der Rittmeister von Topola sprang dazwischen und sagte:

»Herr General, Verzeihung: der Mann heißt wirklich Johann Kiefer – da ist nichts zu wollen.«

...In diesem Jahr ließ sich der Divisionär bei den Siebzehnerhusaren nicht mehr blicken.

Otto Schenk
Theatergeschichten I

Wilhelm Tell

»Wilhelm Tell« ist ein nicht ungefährliches Stück.

Viele bedeutende Sätze werden den Schauspielern von Schiller abverlangt, und wenn einmal etwas in so einem bedeutenden Satz schiefgeht, dann gleich gründlich.

Dem Schauspieler bleibt in solchem Fall nichts mehr übrig, als mannhaft und demütig sein Schicksal zu ertragen, denn jeder Rettungsversuch eines bereits schiefgegangenen Satzes endet bei Schiller mit einer fürchterlichen Blamage.

Dazu ein Beispiel. Der Darsteller des Konrad Baumgarten hat im ersten Akt von »Wilhelm Tell« zu sagen: »Mein Herz hab' ich gerächt, mein Ehr' befriedigt!« Ein Schauspieler war in dieser Rolle einmal ganz besonders in Fahrt, im Überschwang seiner soeben befriedigten Ehr' verdreht er aber den Satz und sagt: »Mein Ehr' hab' ich gerächt, mein Weib...« Er stockt – entsetzte Blicke der Mitspieler –, er läuft rot an, reißt sich den Hut vom Kopf und stöhnt: »Mein Hut – ist gut!«

Der Schauspieler Victor Kutschera, vor Jahrzehnten Star des Wiener Volkstheaters, bezog an diesem Institut die Höchstgage. Um ein Abwandern dieses Schauspielers zu verhindern, ohne das relativ bescheidene Gagengefüge des Theaters zu zerstören, gab man ihm einen Regievertrag, den er alljährlich pro forma zu erfüllen hatte.

Kutschera inszenierte Jahr für Jahr ohne jedes Animo das jeweilige Sommerstück, und da ihm sein Steckenpferd, alte Uhren, wichtiger war als das Inszenieren, richtete er sich den Regieplatz als Uhrenreparaturwerkstätte ein. Dort versank er in seine Uhren, überließ die Schauspieler sich selbst und hatte nur den einen Wunsch: von der Bühne her möglichst wenig in seiner Arbeit gestört zu werden.

Ein junger Schauspieler, der diese Usance nicht kannte, näherte sich eines Tages – es war die zweite Probe – regieheischend dem Uhrmachertisch, an dem Kutschera gerade in eine besonders heikle Reparatur verwickelt war.

»Bitte, Herr Kutschera, wie soll ich diesen Satz sprechen?«

Kutschera, ohne auch nur die Uhrmacherlupe aus dem Aug' zu nehmen, antwortete aigriert:

»Lieber Freind, gestern war Arrangierprob', heit wird nix mehr verraten!«

Kutschera: Götz-Zitat

Auf einer dieser Arrangierproben fragte einmal ein anderer, besonders eifriger Schauspieler den bereits mit seinen Uhren beschäftigten Kutschera: »Herr Kutschera, auf welche Seite gehe ich ab?«

Kutschera, ohne aufzublicken: »Nach links.«

»Aber von links bin ich ja gerade gekommen?«

»Dann nach rechts.«

»Dort ist das Badezimmer«, wandte der junge Mann ein.

»Dann nach hinten.«

Der Schauspieler war verzweifelt: »Aber von dort kommen doch die, die mich nicht sehen sollen?«

Worauf Kutschera seine Lupe aus dem Aug' nimmt, seufzt und sagt: »Wissen S' was? Lecken Sie mich im Arsch.«

– Damals mußte einem Regisseur halt noch was einfallen.

Ganz Madrid im Wasser

Meldungen gehören zum Schicksal aller Anfänger auf dem Theater. Obwohl schauspielerisch nicht gerade ergiebig, müssen sie sehr intensiv und aufgeregt vorgebracht werden und meist mitten im Getümmel von Schüssen und Geschrei auch noch verständlich bleiben. Eine der gefürchtetsten Meldungen ist die des jungen Offiziers im »Don Karlos«, die den Aufstand Madrids zur Befreiung Karlos' beinhaltet:

»Ganz Madrid in Waffen. Zu Tausenden umringt der wütende Soldat, der Pöbel den Palast. Prinz Karlos, verbreitet man, sei in Verhaft genommen. Sein Leben in Gefahr. Das Volk will ihn lebendig sehen oder ganz Madrid in Flammen aufgehen lassen.«

Gar nicht leicht für einen Anfänger, das mit dem nötigen glaubhaften Entsetzen vor allen Granden Spaniens schnell herauszustoßen.

Der junge Eleve, der es besonders lebensecht machen wollte, stürzte atemlos auf die Bühne, bricht fast zusammen und schreit: »Ganz Madrid im Wasser.« (Er bemerkt am Blick des König Phillip, daß das nicht stimmen kann.) Darauf fällt ihm der restliche Text nurmehr sporadisch ein: »Tausende Soldaten kommen, alles, der Pöbel und überhaupt, es ist furchtbar.«

Schwampf

Eine andere verbürgte Meldungsgeschichte.

Die Meldung lautet: Schwarz und dampfend zieht das Volk durch die Gassen.

Immer wieder geht der Debütant den Text memorierend auf und ab: Schwarz und dampfend, schwarz und dampfend, schw... u... dampf... Das Stichwort! Er stürzt hinaus und meldet aufgeregt: »Schwampf.«

Ich bin der Mörder

Daß Schlafen auf der Bühne sogar den Sinn eines Stückes in Frage stellen kann, beweist folgende Geschichte:

Die Komödie »Der Dieb« war eines der beliebtesten

Stücke im ersten Viertel dieses Jahrhunderts. Es handelt vom Diebstahl eines Schmuckstückes in einer aristokratischen Gesellschaft, und nur ein Aristokrat kommt als Täter in Frage. Vor der großen Pause hat ein Diener mit den Worten vorzutreten: »Ich kenne den Dieb!« Atemlose Spannung, Vorhang. In der Pause dann großes Rätselraten im Publikum, wer der Dieb sein könne.

In der »Insel« spielte der alte Dörrek die Rolle des Dieners. Dörrek war eine große Persönlichkeit, aber als er diese Rolle zu spielen hatte, schon so alt, daß er nicht mehr lange stehen konnte und daher in einem Eck im Hintergrund auf einem Hocker sitzen durfte. Das war der Fehler.

Eines Tages war er knapp vor seinem Satz »Ich kenne den Dieb« auf offener Bühne eingeschlafen. Als sein Satz kommen sollte – nichts. Die übrigen Schauspieler begannen – wie in solchen Fällen üblich – zwanglos zu improvisieren. Zwei Inspizienten schossen durch den sonst nur bei Feuergefahr zu betretenden Fluchtweg hinter der Szene und klopften von hinten gegen die Kulissen, wo sie den schlafenden Dörrek vermuteten.

Dörrek wurde durch das Klopfen tatsächlich aus seinem Schlaf aufgescheucht, sprang erschreckt – und für sein biblisches Alter erstaunlich schnell – von seinem Hocker auf und stammelte – statt: »Ich kenne den Dieb!« – in die spannungsgeladene Stille: »Ich – bin der Mörder!«

An diesem Abend hat kein Mensch das Stück verstanden.

Baumeister am Pferd

Der alte Baumeister, einer der Großen des Burgtheaters, hatte sogar drei Souffleusen. Eine saß im Souffleurkasten, die zweite stand links, die dritte soufflierte ambulant. Letztere hatte ihm beim Auftritt immer den ersten Satz zu sagen, den er aber erst sprach, wenn er in Reichweite einer der beiden anderen angelangt war.

Durch ein Mißgeschick hatte die ambulante Souffleuse einmal ein schlecht eingerichtetes Buch. Sie sagte den ersten Satz, worauf Baumeister gemächlich auftritt, bis knapp vor den Souffleurkasten geht und dort gelassen die Worte spricht:

»Man helfe mir vom Pferd.«

Blasel: Kummen S' auffi

Der Schauspieler Blasel, ein großer Hänger, geht im Carltheater vor der Vorstellung zur neuen Souffleuse:

»Passen S' auf, junge Frau: wann i mi links kratz', soufflieren, wann i mi rechts kratz', schreien S' und wann i mir 'n Rock ausziag, kummen S' auffi!«

Ein Klavier am Schiff

Blasels beliebteste Rolle war »Der Böhm in Amerika«. Der zweite Akt spielt auf hoher See. Das Schiff ist seit sieben Tagen auf dem Ozean unterwegs.

Blasel hätte zu sagen: »Seit einer Stunde laviert das Schiff.«

Peinliche Stille.

Die Souffleuse, zum zweitenmal: »Seit einer Stunde laviert das Schiff.«

Blasel rettet sich in ein paar natürliche Urlaute und pirscht sich, ein scheinbar aufgegangenes Schuhband richtend, in die Nähe des Soufflierkastens.

Die Souffleuse, peinlich laut: »Seit einer Stunde laviert das Schiff!«

Alle – bis auf Blasel – haben es verstanden.

Ein letzter Versuch der Souffleuse. Sie robbt fast aus dem Kasten, sie stöhnt: »Seit einer Stunde laviert das Schiff!«

Mit einem bösen Blick auf die Souffleuse sagt Blasel irritiert: »Seit einer Stunde ist ein Klavier am Schiff! Warum, was i net.«

Fräulein Hermanotti

Raoul Aslans Lieblingssouffleuse war die legendäre Frau Hermanotti. Die für textschwache Künstler lebenswichtigen Zischlaute produzierte sie dank ihrer unübersehbaren Kinnlade mit ungeheurer Resonanz und Präzision.

Als Frau Hermanotti in die Jahre kam, schlief sie an einem föhnigen Frühlingssonntag während der Nachmittagsvorstellung im zweiten Akt plötzlich ein. Aslan saß als Ludwig XIV. auf der Bühne und löffelte eine Tasse Chocolade, ihm gegenüber saß der Gesandte des Königs von England.

Längere Zeit fiel kein einziges Wort. Der große

Schauspieler verspürte wieder einmal eine totale Textleere. Versonnen blickte er eine Weile vor sich hin, dann stellte er die Tasse beiseite und wandte sich mit stoischer Ruhe an sein Visavis:

»Mylord, ich höre schon die längste Zeit kein Wort von Fräulein Hermanotti!«

Worauf diese mit einem Schrei erwachte und das Stück meisterhaft zu Ende soufflierte.

Aslan: Heute ist Sonntag

Raoul Aslan hatte in einem Stück mit den Worten aufzutreten: »Heute ist Sonntag!«

Da er von weit hinten auftrat, wollte es ihm eine eifrige, junge Souffleuse – Fräulein Hermanotti war erkrankt – besonders recht machen und schrie, so daß das ganze Haus es hören konnte, die Worte »Heute ist Sonntag« dem heranwallenden Mimen entgegen. Aslan begriff, daß man die Souffleuse bis in die letzte Reihe der vierten Galerie vernommen hatte. Kopfschüttelnd blieb er stehen und sprach:

»Wie wir soeben hören, ist heute Sonntag.«

Danegger: Welches Stück?

Theodor Danegger, einer von Reinhardts Lieblingen und auch ein großer Textkönner, zur Souffleuse, die ihm beim Auftreten den ersten Satz souffliert:

»Keine Details, liebe Frau – welches Stück?«

Anonym

Ein Übungsbeispiel für Kommunikation!

Wie klar drücken wir uns aus? Was geschieht, wenn wir einen Gesprächspartner bitten, Informationen an jemanden weiterzugeben? Verlieren die Informationen an Substanz? Treten durch einmalige oder mehrfache Übermittlung eventuell sogar Mißverständnisse auf?

Ein Oberst gab folgenden Befehl an seinen diensttuenden Offizier: »Morgen abend gegen 20.00 Uhr ist von hier aus der Halleysche Komet sichtbar. Dieses Ereignis tritt nur alle 75 Jahre ein. Veranlassen Sie, daß sich die Leute auf dem Kasernenplatz in Drillichanzügen einfinden. Ich werde ihnen dann diese seltsame Erscheinung erklären. Falls es regnet, können wir nichts sehen und die Leute müssen sich dann im Kasernenkino einfinden. Dort werde ich ihnen Filme dieser Erscheinung zeigen.«

Der diensttuende Offizier gibt den Befehl wie folgt an seinen Kompanieführer weiter: »Auf Befehl des Herrn Oberst wird morgen um 20.00 Uhr der Halleysche Komet über unserem Gebiet erscheinen. Lassen Sie die Leute, wenn es regnet, in Drillichanzügen heraustreten. Anschließend marschieren Sie zum Kino, wo diese seltsame Erscheinung stattfinden wird. Es handelt sich um eine Erscheinung, die nur alle 75 Jahre eintritt.«

Der Kompanieführer gibt den erhaltenen Befehl wie folgt an seinen Leutnant weiter: »Auf Befehl des Herrn

Oberst ist morgen abend um 20.00 Uhr Dienst im Drillichanzug. Der berühmte Halleysche Komet wird im Kino erscheinen. Falls es regnet, wird der Herr Oberst einen anderen Befehl geben, etwas, das nur alle 75 Jahre eintritt.«

Des Leutnants Befehlsübermittlung an seinen Feldwebel: »Morgen um 20.00 Uhr wird der Herr Oberst im Kino zusammen mit dem Halleyschen Kometen auftreten. Ein Ereignis, das nur alle 75 Jahre eintritt. Falls es regnet, wird der Herr Oberst dem Kometen die Anweisung geben, hier bei uns im Drillich zu erscheinen.«

Daraufhin nun der Befehl des Feldwebels an einen Unteroffizier: »Wenn es morgen um 20.00 Uhr regnet, wird im Kasernenkino der berühmte 75 Jahre alte General Halley im Drillichanzug und in Begleitung des Herrn Oberst einen Kometen fahren lassen.«

Franz Werfel
Der Dirigent

Er reicht den Violinen eine Blume
Und ladet sie mit Schelmenblick zum Tanz.
Verzweifelt bettelt er das Blech um Glanz
Und streut den Flöten kindlich manche Krume.

Tief beugt das Knie er vor dem Heiligtume
Des Pianissimos, der Klangmonstranz.
Doch zausen Stürme seinen Schwalbenschwanz,
Wenn er das Tutti aufpeitscht, sich zum Ruhme.

Mit Fäusten hält er fest den Schlußakkord.
Dann staunt er, hilflos eingepflanzt am Ort,
Dem ausgekommenen Klang nach wie ein Clown.

Zuletzt, daß er den Beifall dankend rüge,
Zeigt er belästigte Erlöserzüge
Und zwingt uns, ihm noch Größres zuzutraun.

Egon Friedell
Die österreichische Seele
Die Geschichte eines Zeitungsfeuilletons

Die »Frankfurter Zeitung« hat in ihrer Weihnachtsnummer den interessanten Versuch unternommen, Wesen und Eigenart einer Reihe von Ländern und Völkern nicht von Kultur- oder Sozialpolitikern, sondern von repräsentativen Schriftstellern schildern zu lassen. Für Österreich war Egon Friedell zur Mitarbeit aufgefordert worden.

1.

Herrn Dr. Egon Friedell, Wien.
Wir wären sehr erfreut, wenn Sie sich an unserer Weihnachtsumfrage, über deren Thema Sie aus der Beilage das Nähere ersehen, beteiligen wollten. Wir sind überzeugt, daß Ihr Beitrag eine Perle werden wird. Gewiß werden Sie das Bedürfnis fühlen, sich über den Gegenstand möglichst umfassend und eingehend zu äußern: trotzdem möchten wir Sie bitten, Ihre Darstellung mit Rücksicht auf die zahlreichen anderen Zusendungen möglichst zu komprimieren.

Hochachtungsvoll
Redaktion der »Frankfurter Zeitung«.

2.

Sehr geehrter Herr Friedell!
Wir erhielten ein Couplet »In der Welt geht's drüber, drunter, aber Österreich geht net unter« aus der Feder des Salonhumoristen *Eugen Friedel*, dem die Post irrtüm-

licherweise unsere Einladung zugestellt hat. Wir schikken Ihnen anbei einen Durchschlag unseres Briefes und erwarten Ihr Manuskript in spätestens acht Wochen, das ist bis zum 15. Dezember.

»Frankfurter Zeitung«.

3.

Herrn Schriftsteller Hans Saßmann, Wien.

Lieber Freund,

es wird Dich gewiß freuen, zu hören, daß mich die »Frankfurter Zeitung« zu einem Weihnachtsbeitrag aufgefordert hat. Noch selten hat mich eine Arbeit so interessiert wie diese. Endlich erinnert man sich an das Land Walthers von der Vogelweide! Das Ausland braucht uns halt doch! Und Österreich wird ihm zeigen, was es kann. Der Beitrag muß eine Perle werden. Du wirst daher einsehen, wie wichtig es ist, daß Du Dich sofort an die Arbeit machst. Aber bitte, nicht zu kurz, sonst heißt es gleich wieder, daß wir nur Plaudereien schreiben. Ich erwarte Dein Manuskript in spätestens acht Tagen. Dein Egon Friedell.

P. S. Gib acht, daß nichts vorkommt, was bei Bahr und Hofmannsthal Anstoß erregen könnte. Das ist das Wichtigste.

4.

Lieber Friedell,

ich bin sehr erfreut und geschmeichelt, daß Du an mich gedacht hast. Auch mich hat noch selten eine Arbeit so interessiert wie diese. Nur kannst Du nicht verlangen, daß ich Dir meine *wichtigsten Überzeugungen* zum Opfer bringe. Warum soll man *Bahr* und *Hofmannsthal* nicht *giften*? Gerade bei der Behandlung eines so ernsten Gegenstandes, wo noch dazu die ganze Welt auf uns blickt, dürfen keine *persönlichen Rücksichten* mitsprechen. Das wäre *österreichisch*.

Das Manuskript erhältst Du binnen drei Tagen. Um welches Thema handelt es sich denn überhaupt?

Dein Hans Saßmann.

5.

Lieber Saßmann,
ich habe es kommen sehen, daß ich, sowie ich mich mit Dir einlasse, sofort Scherereien haben werde. Ich habe natürlich keine Zeit gehabt, den Brief so genau zu studieren, weil ich rasch ins Theater mußte, um ihn dort herumzuzeigen, und kann ihn jetzt absolut nicht mehr finden. Möglicherweise habe ich ihn im Café Prochaska auf dem Stammtisch liegen lassen. Im Café Grillhuber habe ich ihn bestimmt noch gehabt. Es kann auch sein, daß mir ihn in der City-Bar jemand gestohlen hat, um sich damit patzig zu machen. Ich ermächtige Dich jedoch, bei der »Frankfurter Zeitung« anzufragen, worum es sich handelt. Dein Friedell.

6.

Lieber Friedell,
ich tue doch gewiß alles, was nur menschenmöglich ist, aber das kannst Du nicht von mir verlangen. Ich kann doch nicht an eine Zeitung schreiben, von der ich kein einziges Redaktionsmitglied persönlich kenne. Ich weiß auch gar nicht, wie man eine solche reichsdeutsche Redaktion anredet. Zum mindesten müßtest Du mir also das Konzept des Briefes aufsetzen. Dein Saßmann.

Gestern im »Schriftstellerklub« sind alle zersprungen, weil Du mich und keinen von ihnen aufgefordert hast.

7.

Lieber Saßmann,
zuerst hast Du die Sache mit Begeisterung übernommen, und jetzt soll ich alles für Dich machen. *Große Reden führen* und dann *nichts leisten: das ist echt österreichisch.*

Dein Friedell.

8.

Lieber Saßmann,
habe soeben vom Zahlkellner im Café Demimonde erfahren, daß es sich um einen Artikel über Österreich handelt. Jetzt hast Du also keine Ausrede mehr.

Dein Friedell.

9.

Lieber Friedell,
über Österreich zu schreiben ist schwer. Was wird das Ausland dazu sagen?

Saßmann.

10.

Hochverehrter Meister!
Sehr geschätzter Herr Saßmann!
In meinem Restaurant habe ich erfahren, daß Sie der Hauptmitarbeiter der »Frankfurter Zeitung« sind. Schon lange war es mein Wunsch, an diesem hervorragenden Organ ebenfalls mitarbeiten zu dürfen. Es wird Ihnen ein leichtes sein, durch Ihre Beziehungen dies zu vermitteln. Ich habe mich zwar bis jetzt noch nicht schriftstellerisch versucht, bin aber ein langjähriger persönlicher Bekannter von Franz Werfel. Sollte Ihnen eine

mündliche Aussprache erwünscht sein, so finden Sie mich täglich von zehn bis eins und drei bis sechs im Café Pyramide.

In aufrichtiger Bewunderung
Franz Zehntbauer,
städtischer Marktkommissär.

11.

Sehr geehrter Herr Friedell,
wir vermissen Ihren Beitrag. Wir rechnen um so gewisser auf sofortige Einsendung des Manuskripts, als es uns so kurz vor Weihnachten nicht mehr möglich wäre, für Sie einen Remplacanten zu finden.

Ergebenst
»Frankfurter Zeitung«.

12.

Lieber Saßmann,
Weihnachten steht vor der Tür, und Du hast mir noch immer nicht die englische Seife für Lina besorgt. Echt österreichisch! Dein Friedell.

13.

Dringendes Telegramm an Egon Friedell.
Rasute blifta settmil hapta hapta ½.

»Frankfurter Leitung«.

14.

Lieber Saßmann,
zu meiner Bestürzung erfahre ich im Café Eden, daß Du den Beitrag für die »Frankfurter Zeitung« richtig verschlampt hast. Damit hast Du mir ungemein geschadet; denn das hätte für mich der Anfang einer dauernden

Mitarbeit werden können, und außerdem werden sie mich jetzt bei der nächsten Rundfrage möglicherweise übergehen. Ganz abgesehen vom *Prestige beim Ausland.* Das alles verdanke ich Dir! Friedell

15.

Lieber Friedell,
ich weiß nicht, was Du noch haben willst. Erst vorige Woche war ich in drei Gesellschaften, die bisher noch nie das geringste von Dir gehört hatten und sich jetzt um mich gerissen haben, bloß weil ich mit Dir bekannt bin. Überall werde ich vorgestellt als »der Freund des berühmten Friedell, der die ›Frankfurter Zeitung‹ hat aufsitzen lassen«. Du bist die populärste Persönlichkeit von Wien. Und das verdankst Du mir. Du siehst also, daß ich doch nicht so »unzuverlässig« bin, wie Du immer behauptest. Saßmann.

16.

Lieber Saßmann,
in Österreich wird man eben nur zum großen Mann, wenn man etwas *auffällig nicht tut.* Kaiser Josef hat unter größtem Aufsehen keine Reformen durchgeführt. Laudon hat unter allgemeiner Aufmerksamkeit Friedrich den Großen nicht besiegt, und Lueger hat unter ungeheurem Zulauf nichts für Wien geleistet. Für die »Frankfurter Zeitung« haben schon viele nicht geschrieben, aber keiner ist dadurch der Mittelpunkt Wiens geworden. Weil die anderen eben alle kein Talent hatten. Zumindest kein österreichisches Talent. Friedell.

17.

Von der Steuerbehörde für den 18. beziehungsweise 19. Bezirk, Wien, Niederösterreich.

Herrn Dr. Egon Friedell, Chefredakteur der »Frankfurter Zeitung«. Auf Grund der amtlichen Erhebungen werden Sie auf Grund Ihrer Lohngenüsse beziehungsweise dauernden Emolumente aus Ihrer Tätigkeit als ausschließlicher Verfasser der periodischen Druckschrift »Frankfurter Zeitung« für die Jahre 1926 bis 1929 in die Gruppe I a der allgemeinen Erwerbssteuer, respektive I b der temporären Einkommensteuer eingereiht. Die Höhe der vorauszuzahlenden Nachtragssteuer wird aus der Einkommenstufe für das zweite Semester der unmittelbar dem dazwischenliegenden Jahre des vorhergehenden dritten Halbquartals als zweite Rate der Zuwachsstaffel vorgeschriebenen Katasterumlage, jedoch vermehrt um den mit der Steuernovelle vom 3. Jänner 1921 für die nicht in die für die unter die Befreiung von der direkten Einkommensmehrertragssteuer fallenden vorgesehenen kommunalen Erwerbszuschlag, jedoch abzüglich der bereits für die der Versteuerungsperiode vorausgegangenen letzten drei – soweit sie noch in diese Periode fallen – schuldigen Vermehrungssteuerquoten bis spätestens zum als Stichtag geltenden 1. Dezember 1926 eingezahlten Beträge errechnet.

Christian Morgenstern
Der Hecht

Ein Hecht, vom heiligen Antōn
bekehrt, beschloß, samt Frau und Sohn,
am vegetarischen Gedanken
moralisch sich emporzuranken.

Er aß seit jenem nur noch dies:
Seegras, Seerose und Seegrieß.
Doch Grieß, Gras, Rose floß, o Graus,
entsetzlich wieder hinten aus.

Der ganze Teich ward angesteckt.
Fünfhundert Fische sind verreckt.
Doch Sankt Antōn, gerufen eilig,
sprach nichts als »Heilig! heilig! heilig!«

Der Gaul

Es läutet beim Professor Stein.
Die Köchin rupft die Hühner.
Die Minna geht: Wer kann das sein? –
  Ein Gaul steht vor der Türe.

Die Minna wirft die Türe zu.
Die Köchin kommt: Was gibts denn?
Das Fräulein kommt im Morgenschuh.
  Es kommt die ganze Familie.

»Ich bin, verzeihn Sie«, spricht der Gaul,
»der Gaul vom Tischler Bartels.
Ich brachte Ihnen dazumaul
  die Tür- und Fensterrahmen!«

Die vierzehn Leute samt dem Mops,
sie stehn, als ob sie träumten.
Das kleinste Kind tut einen Hops,
  die andern stehn wie Bäume.

Der Gaul, da keiner ihn versteht,
schnalzt bloß mal mit der Zunge,
dann kehrt er still sich ab und geht
  die Treppe wieder hinunter.

Die dreizehn schaun auf ihren Herrn,
ob er nicht sprechen möchte.
»Das war«, spricht der Professor Stein,
»ein unerhörtes Erlebnis!«...

Black and white

Armin Eichholz

Nach moderner Negerlyrik

There stay I old black man and sing
and nobody let what for me spring.
Total groggy, I can me not more out.
All is now plem-plem, no doubt,
and overall is abgegrast,
by me is now Mathei on last.
        It must once said be:
        This pi-pa-po hangs me
        meterlong to the mouth
        raus.
You behandle me as the last dreck:
as hampel-man of society,
as political hans-wurst,
as complet idiot,
as religious mama-kindl and
as social soup-kasper!
        Always the Black
        are the beshittened!
        And the gelackmeiered!
But it is not yet all day's evening
and I let me no longer on the nose rumfuer!
The white Doofes can me stolen be!
They should them what shame!
I shall them what whistle
shall I.
They give on like ten nacked negroes...
and speak egalweg from socialism,

but when it on their money goes –
then will nobody what know.
Also nothing behind!
Shitt an boom!

    Know you, what yesterday
    a white man in uniform
    to my wife said?
    »Na, how were it with us,
    little pupe?«
    said he!
    I think I hear not right!
    Stell you so what for!
    Aller-hand, what?
    That call I a thing
    call I.

It must a pleasure be,
them all teeth singular to break
and them then in the gras bite let –
heavenmastergodsacramentcrossdevilonce
more!
With our-one can they it make... thinkste!
But they have themselves burned!
They can me cross-wise!
This social bluff make I no longer with.
I will pinke-pinke see
or it passiers what...

    And so rate I you in good:
    When you see
    how a black man sing,
    go not foreby
    and let what spring!

Alfred Polgar
Sein letzter Irrtum

Mr. Gladham Fröhlich, Redakteur in Diensten der populären Wochenschrift »Panorama«, hielt ein Manuskript des ihm aus europäischen Tagen gut bekannten Mr. Bederich in der linken Hand. In der rechten hielt er einen Rotstift.

Das Manuskript, mit Spuren bedeckt, die der Rotstift hinterlassen hatte, sah aus, als ob es Masern hätte.

»I'm sorry, aber sie sind nichts für Amerika«, sagte Gladham dem alten Kollegen aus Europa. »Das will ich Ihnen an Hand der siebenundzwanzig stories, über die Sie meine aufrichtige Ansicht erbeten haben, klarlegen. Nehmen wir etwa gleich die erste beste hier: Sein letzter Irrtum.«

»Es ist meine beste.«

»Well! Das erspart uns Beschäftigung mit den übrigen sechsundzwanzig.«

Mr. Gladham lehnte sich in den Stuhl zurück, plazierte seine Plattfüße auf den Schreibtisch, schob den Hut auf die hinterste Rundung seines Schädels. Er war erst seit kurzem Bürger der Vereinigten Staaten und bestrebt, die Neuheit seines Amerikanertums durch Intensität seines Amerikanertums wettzumachen.

»Ihre Geschichte«, begann er seine Kritik an Bederichs Manuskript, »vermeidet grelle Farben, erspart dem Leser die Schilderung aufregender Vorgänge und wirkt überhaupt beruhigend auf das Nervensystem.«

Der Autor murmelte ein kleinlautes »Nun also«.

»Nun also«, fuhr Mr. Gladham fort, »derlei Geschichten werden in Amerika von wenigen Leuten geschrieben und von noch viel weniger Leuten gelesen, schon deshalb, weil sie, wie z. B. die Ihrige da, bestimmt niemals gedruckt werden.«

»Vielleicht könnte ich... ändern«, warf Herr Bederich ein.

»Ändern?« Gladham lächelte. »O boy! Wenn Sie ändern wollten, was zu ändern ist, bliebe kaum mehr von Ihrer Arbeit übrig als der Titel. Sehen Sie z. B. gleich hier. Hier schreiben Sie: ›Er hieb ihm mit seinem Stock über den Schädel.‹ Ein guter Satz. Ein sehr guter Satz. Unanfechtbar. Aber was war das für ein Stock? Ein billiger oder ein teurer? Darüber verlieren Sie kein Wort, erzählen hingegen, was der Mann mit dem Stock sich bei dem Hieb gedacht hat. Hier verlangt man von einer story Tatsachen. Man verlangt, daß in ihr Faktum sich an Faktum reiht wie Stein an Stein auf einer gut gepflasterten Straße. Auf Ihrer Straße, lieber Freund, sind die Ritzen zwischen den Steinen breiter als diese, und viel überflüssiges Gras wächst aus ihnen.«

»Und daheim haben sie mich Asphalt-Literat geschimpft!« dachte wehmütig Herr Bederich.

»Weiter. Ihr Held sitzt stundenlang in einem gemütlichen Kaffeehaus. In Amerika gibt es kein Kaffeehaus, in dem man stundenlang sitzt, und wenn es eines gäbe, wäre es nicht gemütlich, und wenn es gemütlich wäre, wäre es längst pleite. Wenn in Ihrer story zwei Leute einander begegnen, schütteln sie sich die Hand. Das tut man hierzulande nicht. Ihr Held empfängt von seinem Gegner eine Ohrfeige. In Amerika wird geboxt, nicht geohrfeigt. Ihr Held stellt die Schuhe zum Putzen vor die Tür seines Hotelzimmers. In Amerika ist das nicht üblich. Ihre Heldin hat ein uneheliches Kind. In Amerika gibt es keine unehelichen Kinder, zumindest nicht in Magazine-stories. Sie lassen in der Garderobe des Theaters ein großes Gedränge bei der Kleiderabgabe entstehen. In Amerika nimmt der Theaterbesucher seine Überkleider in den Zuschauerraum mit.«

»Auch den nassen Regenschirm?«

»Auch den nassen Regenschirm. Sie lassen einen europäischen Schauspieler hier innerhalb eines Vierteljahres dreimal durchfallen. Das gibt es in Amerika nicht. In Amerika muß der durchgefallene europäische Schauspieler sechs Monate warten, bis er wieder durchfallen darf. Auch wird er nicht, wie das in Ihrer story geschieht, ausgepfiffen, sondern ausgebooht. Und hier, was für ein Einfall! Hier lassen Sie einen alten, weisen Amerikaner sagen: ›So etwas gibt es nicht in Amerika.‹ Aber kein alter, weiser Amerikaner würde so etwas sagen, denn es gibt nichts, was es in Amerika nicht gibt.«

Es war ein milder Herbst-Tag. Durch das Fenster des im 32. Stockwerk gelegenen office des Mr. Gladham strömte ozeanisch kräftige Luft ein. Dennoch standen Schweißtropfen auf Bederichs Stirn.

Mr. Gladham fuhr fort in seiner Aufzählung der story-Irrtümer, betreffend Amerikas Bräuche, Anschauungen, Manieren, Geschmack, Methoden und Tabus. »Um es kurz zu fassen«, resümierte er: »Was in Ihrer Geschichte getan wird, das tut man nicht in Amerika. Wie in ihr geliebt wird, so liebt man nicht in Amerika. Wie in ihr gelacht und geweint wird, so lacht bzw. weint man nicht in Amerika. Wie in ihr gelebt und gestorben wird, so lebt und stirbt man nicht in Amerika.«

Bederich schnappte nach Luft. Um besser schnappen zu können, stand er auf und ging ans Fenster.

»Das Klügste wird wohl sein«, sagte er mit unpassender Bitterkeit, »ich nehme meine Manuskripte und werfe sie ins Klosett.«

»Hierzulande wirft man nichts ins Klosett, Mr. Bederich.«

»Es war nicht buchstäblich gemeint, Mr. Gladham.«

»In Amerika drückt man sich exakt aus, Mr. Bederich.«

Bederich stand beim Fenster, sah zu den Wolken hinauf. »Oh, du lieber Himmel!« wollte er rufen, zögerte aber und fragte vorsichtig erst: »Gibt es einen lieben Himmel in Amerika?«

»Darüber kann ich Ihnen keine zuverlässige Auskunft geben«, erwiderte, leicht pikiert, Mr. Gladham, »aber wenn es Sie interessiert, will ich bei unserem Research Department anfragen.« Und er hob den Telefonhörer ab.

Mr. Bederich war zu nervös, um das Ergebnis der Anfrage abzuwarten. Ungeduldig, Gladhams office zu verlassen, wählte er den zu diesem Zweck kürzesten Weg, den durch das Fenster.

»In Amerika springt man nicht aus dem Fenster!« schrie, jetzt schon wirklich verärgert, Mr. Gladham ihm nach.

Aber Bederich, bereits beim siebenten Stockwerk unten angelangt, hörte das nicht mehr. Und so blieb ihm das peinliche Bewußtsein erspart, noch in seiner letzten amerikanischen Minute einen europäischen faux pas begangen zu haben.

Ernst Kein
Weana Schbrüch

I ria do ee
di meisde zeid
kan finga
mea eneagii schboan
kauni wiakli
nimma

I besuch
oes guada son
mei oede muta
jedn maunad
und zwoa
am fiatn
wauns di
rentn griagt

Mia brauchds
ned song
wos i mid
meina freizeid
mochn soe
weu daas i do

mei auto wosch
waas i fon söwa

NEIDIG SANS MA
owa wia ma si
do fuahea
blogn muas
ee ma fon da
kindabeihüf
lem kau
des bedengns ned

DES IS AA WOS
wos i ned kapia
de owan
haum ka hian
owa de debatn
san mia

DAAS DE
briwilegien
obaud wean
haums uns zwoa
scho oft dazöd
owa mia heans
imma wiida gean

An bostn
hob i griagt
fon da batei
a waunung aa
jezt gib i a rua
weu fia an
idealistn wia mi
is des gnua

Ned nua
daas de
baradeisa
jezt domatn
hassn
schmekns aa no
demendschbrechend

Daas fia
jedn bostn
den ma bei uns
ausschreibd
ee scho ana do is
dea eam griagt
des easchboad
uns wenigsdns
di ungewissheid

Schimpfts ned imma
iwas feanseen
schdöds eich fua
es miassads wiida
midanaunda redn
des waa nau
füü eaga

Wo aundas
wand ma zeascht
und wischd si
daun di augn aus
uns wischd ma
zeascht die augn aus
und daun is uns
zum wana

Wiari hea
di gsundheid
muas am
deia sei
foed ma sofuat
es neiche
oegemeine ei

Iwas buagdeata
heans fo mia
ka schlechtes wuat
weu i gee ned eine
und fon aussn
gfoeds ma ee gauns guad

Meine organe
kenans amoe
one weitas haum
owa dea wos
griang duad
dea wiad schaun

In di
söbsdbedinungsledn
kaufd ma wiakli
bülich ei
nua dawischn
deaf ma si dabei
ned lossn

Aseitig
bin i
wiakli ned
weu es gibd
zimlich füü

wos mi ned
intresiad

I HOB
glei gsogt
di beaumtn
schdreikn ned
weus befiachtn
daas des
kan mensch
auffoen ded

Karl Kraus
Der Biberpelz

Mein Wiener Dasein ist jetzt wieder reicher geworden, das ewige Sichdiewanddeslebensentlangdrücken, damit man auf dem Trottoir von keinem Trottel angesprochen wird, hat ein Ende, und jeder Tag bringt neue Abenteuer. Durch all die Jahre keine Gesellschaft, kein Theater, kein Blumenkorso – wie hält man das nur aus? Die Zufuhr der wertvollsten Eindrücke abgeschnitten; und wer weiß, wie lange der innere Proviant gereicht hätte. Selbst die Katastrophen der Saison, Komet und Jagdausstellung, schienen an diesem Zustand nichts ändern zu können. Gewiß, ich wills nicht verhehlen, ich erwartete mir einige Anregung vom Weltuntergang. Wenn's aber wieder eine Niete wäre? So lebt man dahin auf dem schmalen Pfad, der von immer demselben Schreibtisch in immer dasselbe Lokal führt, wo man immer dieselben Speisen ißt und immer dieselben Menschen meidet. Froher wird man nicht dabei. Die Welt rings ist bunt, und man möchte sich doch an ihr reiben, um zu sehen, ob die Farbe heruntergeht. Man will nicht auf so viel verzichten, ohne zu erfahren, wie wenig man verliert. Nur einmal noch an der vollbesetzten Tafel sitzen, alle Rülpse der Lebensfreude wieder hören, die Schweißhand der Nächstenliebe drücken – ich träumte davon, und eine gütige Fee, wahrscheinlich jene, die den Operettenkomponisten die Lieder an der Wiege singt, hat mich erhört. Ich bin mitten drin, die Erde hat mich wieder – mein Pelz ist mir gestohlen worden!

Nichts hätte mich den Menschen näher bringen können als der Diebstahl meines Pelzes. Ich müßte jetzt schon mit den Mitteln eines Caracalla arbeiten, wenn ich mich ihres Umgangs erwehren wollte. Jetzt gibts kein Zurück mehr in die Lebensflucht, jetzt heißt es in den sauern Apfel beißen und ein Menschenfreund sein! Ich habe mich lange genug verhaßt gemacht; aber nun vergeben sie mir, was sie an mir gesündigt haben. Sie vergeben mir, sie lieben mich, sie bedauern mich, sie bewundern mich, denn es läßt sich nicht mehr verbergen, alles Leugnen hilft nichts – mein Pelz ist mir gestohlen worden! Und in einem unbewachten Augenblick hatte mich da die Geselligkeit beim Wickel. Ich lebte still und harmlos, ich war ein Privatmann, denn ich übte seit vielen Jahren eine literarische Tätigkeit aus. Ich hatte nicht gewußt, daß ich vor allem einen Pelz besaß. Ich schrieb Bücher, aber die Leute verstanden nur den Pelz. Ich brachte mich selbst zum Opfer, und die Leute meinten den Pelz. Als ich ihn nicht mehr hatte, kam die allgemeine Anerkennung. Ich habe durch den Verlust des Pelzes die Aufmerksamkeit des Publikums gerechtfertigt, die ich durch den Besitz des Pelzes erregt hatte. Im Kaffeehaus – wo es geschah – war die erste Wirkung des entdeckten Diebstahls ein chaotisches Durcheinander, in welchem einige bestürzte Kaffeehausgäste zu zahlen vergaßen, und in dessen Mittelpunkt ich so plötzlich geraten war, daß ich mir erst auf dem Umweg der Überlegung darüber klar werden konnte, daß ich den Pelz bestimmt nicht gestohlen hatte. Man nahm eine Haltung an, als wolle man mir die Kleider, die ich noch hatte, vom Leibe reißen, und von allen Seiten brachen Vorwürfe wegen meiner Sorglosigkeit über mich herein. Auf diese Art schien sich die Empörung über den Dieb, der sich den Folgen seiner Handlungsweise entzogen hatte, Luft zu machen, denn mich hatte man, an mich konnte man sich halten, und wenn ich mich, erschöpft von der Untersuchung des Falles, zurücklehnte, in der rechten geistigen Verfassung, um endlich eine Zeitung zu lesen – dann ging der Chor der Nebenmenschen an mir vorüber und rief: »Nein, so was!« Ich spürte den Stachel des Vorwurfs. Zu spät sah ich ein, daß man, wenn man einen Pelz hat, auch gewisse Pflichten gegen die Welt hat, und es blieb mir nichts übrig, als jetzt jene letzte Pflicht gegen die Welt zu erfüllen, die man noch hat, wenn man keinen Pelz mehr hat: die Pflicht, Rede und Antwort zu stehen. Denn wenn es in solchen Fällen schon nicht mehr möglich ist, zu erfahren, wo der Pelz hingekommen ist, so muß man dem Publikum und der Polizei wenigstens darüber Auskunft geben, wo er hergekommen ist, wieviel er gekostet hat, wieviel er heute wert ist, ob der Kragen lange oder kurze Haare hatte, und ob die Schlinge aus Tuch oder aus Leder war. Die Polizei fragt außerdem noch, ob man einen Verdacht hat. Ein Verdacht wärmt, wenn man keinen Pelz hat, und ein Verdacht, den man hat, ist nach der Ansicht der Polizei immer eine hinreichende Entschädigung für die Gewißheit, die einem abhanden gekommen ist und die sie einem nie wieder verschaffen wird. Wozu diese Einmischung durch eine Amtshandlung? Ich hatte immer geglaubt, daß sich die Polizei um die öffentliche Sittlichkeit kümmere und nicht um Angelegenheiten des Privatlebens, wie einen gestohlenen Pelz. Aber diese Neugierde! Kaum war mir der Pelz gestohlen worden, waren auch schon drei Vertreter der Polizei im Lokal, drängten sich durch die Wucherer, die meinen Tisch umstanden und ihrer Entrüstung über den Diebstahl Ausdruck gaben, und fragten mich, ob ich einen Verdacht habe. Nun war auch die Nachbarschaft auf den Beinen, denn wie ein Lauffeuer hatte sich in der Großstadt das Gerücht verbreitet, und zahlreiche Passanten, unter denen man u. a. Persönlichkeiten bemerkte, die schon von ihrer Anwesenheit bei Premieren und Erdbeben bekannt sind, wohnten der Amtshandlung bei. So taktvoll und würdig nun sich der Pelzdiebstahl vollzogen hatte, in so marktschreierischer Weise äußerte sich das Mitgefühl des Publikums. Denn während die Pelzdiebe kein Aufsehen lieben, legen die Bankdiebe den größten Wert darauf, überall bemerkt und in den Zeitungen genannt zu werden. Hier freilich hatten sie sich einmal verrechnet. Denn die Zeitungen würden auch von einem Kometen keine Notiz nehmen, wenn sein Schweif meinen Kopf berührt hätte. Aus demselben Grunde mußte ich befürchten, daß sich der Chef des Sicherheitsbureaus dieser Sache nicht so energisch annehmen werde, wie er es in Fällen gewohnt ist, wo die Aussicht auf publizistische Unterstützung ihn zu einer fieberhaften Tätigkeit spornt. Natürlich läßt sich das echte fachmännische Interesse durch solche Bedenken nicht abweisen. Während mich nun die Vertreter der Behörde um Alter, Beschäftigung und Vorstrafen befragten, sprachen einige Gäste immer wieder ihr Bedauern aus, daß sie gerade nicht hingesehen hätten, als der Pelz gestohlen wurde, und vertraten die Ansicht, daß der Dieb sich einen Augenblick gewählt haben müsse, wo er sich nicht beobachtet fühlte. Das Personal wurde mit Fragen bestürmt, aber der Zahlmarkör, der Zuträger, der Pikkolo und der Feuerbursch – sie alle hatten bloß den einen Wunsch: »Wann i nur amal so einen derwischen könnt, den derschlaget i!« Ich bat, sich in Gegenwart von Kriminalbeamten nicht zu gefährlichen Drohungen hinreißen zu lassen, richtete noch an diese das Ersuchen, dafür zu sorgen, daß ich nicht vorgeladen werde, weil ich ja doch nichts anderes aussagen könnte, als daß ich keinen Pelz und keinen Verdacht habe, und entzog mich den Ovationen der Menge, indem ich meinen Hut nahm, der noch da war, und mich zum Ausgang wandte, an der Kassierin vorbei, welche die Hände rang. Draußen grüßten mich die Fiaker, die sich von dem Ereignis des Tages irgendwie einen besonderen Vorteil erhofften. Einer der Polizisten aber holte mich ein und machte mir den Vorschlag, mit ihm zu gehen und das Verbrecheralbum durchzusehen. Ich lehnte diesen Vorschlag ab, weil mir jede Vergleichsmöglichkeit fehle, solange ich den Dieb meines Pelzes nicht gesehen hätte. Die Polizei solle ihn erst zur Stelle schaffen, dann wäre ich gerne bereit, ihn nach der Fotografie zu agnoszieren. Einer der Kellner aber behauptete plötzlich, einen Verdacht zu haben, und schien entschlossen, mitzugehen. Diese Recherche hat, wie ich später erfuhr, meiner Sache nicht wesentlich genützt, dafür aber anderweitige erfreuliche Resultate ergeben. Der Kellner soll nämlich einige frühere Stammgäste des Kaffeehauses erkannt haben, und noch nie zuvor, heißt es, sei in einer Polizeistube eine so freudige Stimmung des Wiedersehens laut geworden. Schließlich mußte man, da diese Rufe »Jessas, der Herr von Krohn!« und »Nein, der Herr von Meier!« nicht aufhören wollten, dem braven Burschen das Bilderbuch aus der Hand reißen. Am nächsten Tag erhielt ich eine Vorladung, der ich aber nicht Folge leistete. Immer hatte ich es bisher streng zu vermeiden gewußt, daß mir etwas gestohlen würde; denn nichts fürchte ich mehr als

Unannehmlichkeiten mit der Polizei. Man hat mir auch tatsächlich nie das geringste nachweisen können. Sollte ich jetzt wegen des einen Fehltrittes mir eine so peinliche Untersuchung auf den Hals laden? Nimmermehr! Ich stellte mich der Polizei nicht! Wenigstens war ich entschlossen, es nicht eher zu tun, als bis sie den Pelz hätte. Ich hoffte übrigens, daß sie den Fall vertuschen und mich ruhig meiner gewohnten Beschäftigung nachgehen lassen werde.

Als ich somit wieder ins Kaffeehaus kam und meine Leseecke aufsuchen wollte, standen einige Herren davor, die sich sonst nur für Trabrennen interessierten, aber diesmal eine Wette abgeschlossen hatten, ob ich den Pelz bekommen würde oder nicht. Die der Meinung waren, daß ich ihn bekommen werde, sagten: »Nicht wird er ihn bekommen!«; während die andern, die der Meinung waren, daß ich ihn nicht bekommen werde, ein über das andere Mal riefen: »Ja wird er ihn bekommen!« So vermochte ich die beiden Gruppen zu unterscheiden, ohne doch im Meritorischen eine Entscheidung treffen zu können. Ich setzte mich nieder und hörte aus dem Billardzimmer Rufe wie: »Echter Biber, sag ich Ihnen!« »Und ich sag Ihnen, Nerz!«, worauf ein dritter mit einem derben »Astrachan, Ihnen gesagt!« in die Debatte fuhr. Ich ließ fragen, ob es die Herren störe, wenn ich Zeitungen lese. Sie verneinten und gingen auf ein ganz anderes Thema über, indem nämlich einer behauptete, sich noch an den Fall zu erinnern, wie dem alten Löw ein Pelz um tausend, sage tausend Gulden gestohlen wurde; und da ein anderer die Frage einwarf: »Welchem Löw?« und die zurechtweisende Antwort bekam: »No, der später in Konkurs gegangen ist!«, fühlte ich, daß die Aufmerksamkeit von mir abgelenkt sei, und war dessen froh. Ich nahm jene Zeitung zur Hand, die seit Jahren das Publikum dadurch zu interessieren weiß, daß sie meinen Namen nicht nennt, und suchte nach einer Notiz, in der davon die Rede wäre, daß einem Privaten ein Pelz gestohlen wurde und daß einer unserer Mitarbeiter Gelegenheit hatte, mit dem in den weitesten Kreisen bekannten Dieb zu sprechen. Da trat eine fremde Dame auf mich zu, tadelte mich wegen meiner Unachtsamkeit und fragte mich, ob ich noch mit der Familie T. verkehre. Ich antwortete, daß ich mit gar niemand verkehre, und bezahlte meine Zeche. Draußen grüßten mich die Fiaker, wiesen verheißend auf ihre Wagen und riefen etwas wie »Verkühlns Ihna nur net« hinter mir.

Noch habe ich aber nicht erzählt, wie sich am Tage nach der Tat das Wiedersehen mit meiner Bedienerin gestaltet hat. Sie war eigentlich schuld, denn sie hatte mir, weil wir gerade im strengsten Mai einen Schneefall gehabt hatten, zugeredet, den Pelz anzuziehen, der winters über beim Kürschner in Aufbewahrung gelegen war. Ich hatte mich gesträubt, denn ein unbestimmtes Gefühl sagte mir, daß bei Neuschnee die Pelzdiebe aus der Erde schießen, während die Schneeschaufler nichts zu tun bekommen, weil die Kommune die Konkurrenz des Tauwetters begünstigt. Aber wiewohl dieses schon eingetreten war, setzte die Frau ihren Willen durch, und richtig, eine halbe Stunde später war der Pelz gestohlen. Nun ist mir nichts peinlicher als Auseinandersetzungen über Dinge, die mit der Wirtschaft zusammenhängen, und so hatte ich, nachdem das Unglück geschehn war, nur die eine Sorge: Wie sage ich's meiner Bedienerin? Es gab eine lebhafte Szene, und ich bekam allerlei zu hören. Denn das Herz der Frauen hängt an irdischem Tand, und sie können sich auch von fremdem Besitz nur schwer trennen, während ich mich erleichtert fühlte, als ich bei Tauwetter ohne Pelz das Kaffeehaus verlassen konnte. Überhaupt hatte mich der Verlust des Pelzes kaltgelassen, und was mir naheging, war nur der Verlust meiner Ruhe. Daß ich im Mittelpunkt der Aufmerksamkeit stand, daß ich in Wien über Nacht berühmt war, und daß die Leute mit Fingern auf mich zeigten: »Dort geht er«, »Kennst ihn?« »Aber ja, Biber«, »Er hat ihn effektiv nicht gekriegt« – das härmte mich, das fraß an mir wie Motten an einem Pelz, der einem nicht gestohlen wurde. Ich beschloß, die Straße zu meiden, bis ich das Gras über die Sache wachsen hörte. Aber als ich nach einer Woche mich behutsam in das Stammlokal wagte und den Weg von hinten nahm, da trat mir die Toilettefrau entgegen und sagte: »Mir hat's furchtbar leid getan!« Als ich hineinkam, waren aller Augen auf mich und meinen Überrock gerichtet, und als ich diesen an den Kleiderstock hängte, rief's aus einem Winkel: »Aber jetzt heißt's doppelt vorsichtig sein!« Und aus dem andern Winkel: »Ja, durch Schaden wird man klug.« Als ein Kellner dazwischentrat und sagte: »Aber der Herr gibt ja sowieso acht«, rief eine Stimme aus dem Spielzimmer: »A gebrenntes Kind fürchtet das Feuer!« Der Kellner sagte: »Wann i nur amal so einen derwischen könnt, den –« Ich zahlte sofort und nahm mir vor, das Lokal nur des Nachts zu besuchen, wenn ein anderes Publikum da wäre. Kaum hatte ich unter veränderten Umständen Platz genommen, drehte sich ein englischer Trainer zu mir herum, schob seinen Sessel vor und begann, die Arme auf die Lehne gestützt: »Einmal mir ist gestohlen ein Pferdedecke...« Ich sah, daß mein Erlebnis über das Mitteilungsbedürfnis der Wiener Bevölkerung hinaus dem internationalen Interesse entgegenkam. Ich fürchtete, daß hier die Hebung des Fremdenverkehrs ansetzen könnte. Ich schloß mich ein, und ich zeigte mich nicht eher, als bis mir die heiße Jahreszeit jede Gedankenverbindung mit einem Pelz auszubrennen schien. Da aber mußte ich es erleben, daß ein Mohr auf mich zutrat, der so perfekt Deutsch sprach, daß er mich fragen konnte, ob ich damals meinen Pelz wiederbekommen hätte. Ich suchte ein anderes Lokal auf, dessen Besitzer mich aber nicht nur durch seinen Gruß belästigte, sondern auch mit den Worten ansprach: »Bei uns wird Ihnen das nicht passieren!«

Ich erkannte, daß es kein Zurück mehr gab. Denn hier war ein Wiener Problem geboren. Hier war einmal eine Tatsache, die einen so plausiblen Reiz, eine so unmittelbare Popularität hatte, daß keine Rücksicht auf den Menschen, der von ihr betroffen wurde, die Leute fernhalten konnte. Hier war eine Solidarität hergestellt durch die in ihrer Einfachheit verblüffende Erkenntnis: daß das jedem von uns passieren kann! Ich war in den Ring einer Gemeinsamkeit einbezogen, die mir den Pelz bewachte, der mir gestohlen war, und die mir mit ihren Blicken das Maß für einen neuen zu nehmen schien, ohne ihn mir zu spenden. Jetzt mußte sich nur noch die Steuerbehörde für den Fall interessieren, die ja bald erhoben haben könnte, daß ich in den Verhältnissen bin, einen Pelz besessen zu haben. Ich begann den Dieb zu beneiden. Nicht weil er den Pelz hatte, sondern weil man ihm nicht draufgekommen war. Weil er auf freiem Fuß leben konnte, während es hinter mir »Aufhalten!« schrie und ich wie ein erwischter Bestohlener von der Dummheit eskortiert wurde... Ich beschloß, mich aus dem Privatleben zurückzuziehen. Mir war eine Hoffnung geblieben. Daß es mir durch die Herausgabe eines neuen Buches gelingen werde, mich den Wienern in Vergessenheit zu bringen.

Roda Roda
Die Geschichte

Sooft ich nach Wien komme, begegne ich ihm auf dem Kärntnerring, dem alten Hauptmann. Nur heißt er jedesmal anders.

»Oh, grüß dich Gott, Roda«, ruft er, »wo steckst denn immer? Du mußt an wahnsinnigen Urlaub haben – i sieg dich scho a paar Wochen net in der Garnison.«

»Ich lebe seit vielen Jahren in Deutschland.«

»Was d' net sagst! Und von was lebst du? – Richtig, du stellst ja Artikeln für die Zeitungen zsamm, hör ich. – Ja. – Alsdann: früher hab ich, zum Beispiel, aa manchesmal so allerhand zsammgstellt – an Sprachunterricht für böhmische Rekruten – und so. Aber es zahlt si ja net aus. Ma hat mehr Unkösten davon, als was es aam einbringt. – Richtig... du, sag amaal: rückst du net hie und da in die Witzblätter ein? Alsdann, waaßt, Freunderl, da waaß i dr a Gschicht, die m–u–ß–t unbedingt in den ›Simplicissimus‹ einrücken. Also so was Komisches – wann da d' Leut net lachen?... Alsdann: aamal ham mir in der Menasch Speckknödeln – und die Ordonnanz, dös Viech, Walaschek haaßt er, der bringt dir a Schüssel Speckknödel herein – no waaßt, so – faustdick. Auf aamal stolpert er, waaßt, der Ordonnanz – un dö Knödeln, i lüg dr net, die fliegen dir – also so was Komisches – die fliegen dir im ganzen Menaschlokal herum. Also – wann da d' Leut net lachen...? – Die Gschicht m–u–ß–t un–be–dingt in den ›Simplicissimus‹ hineinschreiben.«

Hans Weigel
Imperativstapelei

Vor kurzer Zeit ergab sich in einer geselligen Runde am erinnerungsträchtigen Schauspielerstammtisch des Restaurants Annaberg zu Wien plötzlich eine ausführliche Befassung mit der Silbe »mal«. Diese ist, wie man weiß, der Imperativ des Zeitwortes »malen«, also eine Aufforderung an einen Maler, seinen Beruf auszuüben. Wie es begonnen hat, weiß ich nicht mehr. Ich erinnere mich nur (o Druckbild, Druckbild!) an »Animal« (Aufforderung an eine Malerin namens Anni, ihren Beruf auszuüben), an »Malaparte« (Aufforderung an einen Maler, seinen Beruf auf ausgefallene Manier auszuüben: mal apart!), an »Malraux« (Aufforderung an einen Angehörigen der fauvistischen Schule: mal roh!), an »Mahlzeit« als Aufforderung, die Zeit bildnerisch zu gestalten, an »Malentendu« als Aufforderung, Akustisches in Optisches umzusetzen, und an »Mallarmé« als doppeldeutige Aufforderung, entweder an einen Schlachtenmaler gerichtet (mal Armee!) oder an einen Maler in der Manier von Heinrich Zille und Käthe Kollwitz (mal Arme!).

Beim Wort »Malzkaffee« sind wir an einem großen und wichtigen Schnittpunkt angelangt. »Malzkaffee« kann nämlich dreierlei bedeuten (wobei wir, wie stets, die eigentliche, wörtliche Bedeutung als unerheblich vernachlässigen): 1. die Aufforderung an mehrere Maler, ein Genußmittel zu verewigen (malts Kaffee!), 2. die Aufforderung an mehrere Personen, Kaffeemühlen zu betätigen (mahlts Kaffee!), 3. die Aufforderung an mehrere Maler, sich der Verewigung eines höheren Wesens zu enthalten (malts ka Fee!).

Wer es nicht schon längst erfaßt hat, dem sei verraten, daß wir uns längst in den Gemarkungen der kategorischen Imperative bewegen. Verweilen wir dortselbst unter rigoroser Ignorierung aller sich im Zusammenhang mit der Fee ergebenden Abschweifungen!

Der kategorische Imperativ hat nichts mit dem gestirnten Himmel über mir und dem Sittengesetz in mir zu tun, schon eher mit reiner Vernunft und Urteilskraft, indem nämlich einem Wort oder einer Wortgruppe ein verborgener, zweiter, imperativischer Sinn abgewonnen wird.

In dem Buch über das Blödeln, welches nicht geschrieben werden kann, gebührte dem kategorischen Imperativ ein besonderes, eingehendes, vielfach unterteiltes Kapitel. Da müßte man gewiß die geographischen Imperative gesondert herausstellen: Melk an der Donau, Grein an der Donau, Spitz an der Donau, Schwaz in Tirol, Gurgl im Ötztal, Reit im Winkel... da gibt es (vom Druckbild wenig begünstigt) eine Gruppe von Imperativen mit revolutionärem Einschlag: Geheimpolizei (geh heim, Polizei), Bürgersteig (Bürger, steig! – »steigen« bedeutet: sich ärgern, in die Luft gehen) und Habsburgerwarte (Aussichtspunkt auf dem Hermannskogel bei Wien, gleichzeitig Aufforderung an eine Dynastie, ihre Restaurationsversuche zu vertagen).

An weiteren Gattungen wären die Imperative erwähnenswert, welche auf Bereicherung abzielen: »liebreiche Mädchen« (lieb reiche Mädchen) und »stilvolle Brieftaschen« (stiehl volle Brieftaschen), die beiden, bereits angedeuteten Imperative im Sinn des Tierschutzgedankens »Badekabine« und »Selchkarree«, die hybride Aufforderung »Platz für den Landvogt!« – doch wer wäre bereit, wenn er nicht muß, für den Landvogt zu platzen?!

Im Rahmen der Antilärmkampagne bewegt sich der Imperativ »Straßenbahngeleise«; aber was nützt er, sie geht ja doch nicht leise.

Eng mit den kategorischen Imperativen verbunden, sich mit ihnen gelegentlich überschneidend, blühen und gedeihen die konjungiblen und deklinablen Wörter.

Der Grammatiker mag sich wundern, daß man Substantiva nicht nur deklinieren, sondern auch konjugieren kann, und doch:

Ich melk an der Donau, du melkst an der Donau, er melkt an der Donau… Ich Zell am See, du zählst am See, er zählt am See… Ich reit im Winkel, du reitest im Winkel, er reitet im Winkel… und (von Curt Goetz in *Dr. med. Hiob Prätorius* verewigt) Bellinzona – ich bell in Zona, du bellst in Zona, er bellt in Zona…

Es wird bunter: Haustier – ich hau's Tier, du haust's Tier, er haut's Tier… Moccatorte – ich mag ka Torte, du magst ka Torte, er mag ka Torte… Magensaft – ich mag 'n Saft, du magst 'n Saft, er mag 'n Saft… Gürzenich – ich gürze nich, du gürzest nich, er gürzt nich…

Er wird noch bunter: I. G. Farben – du gehst Farben, er geht Farben… Nagasaki – ich nag' a Saki, du nagst a Saki, er nagt a Saki… Gainsborough – ich geh' ins Büro, du gehst ins Büro, er geht ins Büro…

Es wird am buntesten: Toscanini – das kann i nie, das kannst du nie, das kann er nie… Puccini – putsch' i nie, putschst du nie, putscht er nie… Risibisi: riß i bissi, rissest du bissi, riß er bissi…

Nun muß gesagt werden, daß es des echten Blödelns

unwürdig ist, jedesmal beim Auftauchen eines Wortes wie »Melk«, »Puccini« oder »Magensaft« mechanisch die betreffende Abwandlung zu produzieren. Der echte Blödler unterscheidet sich konstitutionell entscheidend vom gewerbsmäßigen Spaßvogel. Diesem wird der abwandelnde Scherz zur stehenden Redensart. Ich kenne gewerbsmäßige Spaßvögel, wir alle kennen sie, sie sagen »Ipsomobil« statt »Automobil«, jahraus, jahrein, früh und spät, wann immer von einem Automobil die Rede ist, sie reden von den Ibichen des Kranikus, sie sagen nicht »Das macht nichts«, sondern »Das macht fast gar nichts«, und sie werden durch solche und ähnliche eingefroren stereotype Pseudoscherze zur Plage. Dem echten Blödler ist das Blödeln nicht Alltag, sondern Fest, er entweiht es nicht durch übermäßigen Gebrauch, er weiht sich der hohen Übung nur im Einklang mit Gleichgestimmten bei passendem Anlaß.

GÖSING
Violine

Die Geige oder Violine wird von einigen Gelehrten wegen der vier deutlich erkennbaren Wirbel an ihrem Halse zu den Wirbeltieren gezählt, jedenfalls aber im Hinblick auf die regelmäßig an ihr vorkommende Schnecke und auf den Frosch des Geigenbogens dem Tierreich zugerechnet, wozu auch die eigentümlichen Töne verleiten können, die ihr vielfach entlockt werden. Trotz alledem sind wohl diejenigen im Recht, die sie als ein musikalisches Instrument ansehen.

Die Geige ist fast so verbreitet wie das mit Recht so beliebte Klavier. Während dies aber eins der schwersten Instrumente ist, kann die Violine bequem mit einer Hand gehoben werden. Die Geigen sehen alle ziemlich gleich aus; um sie voneinander zu unterscheiden, gibt man ihnen allerlei wohlklingende Namen, wie Amati, Stradivari usw. Die feineren Sorten sind, wie bei den Stiefeln, am Lack zu erkennen. Man unterscheidet auch echte und unechte Geigen; die echten sind häufig unecht, die unechten aber immer echt.

Die Geige ist mit vier *Saiten* bespannt und widerlegt damit den Satz, daß jedes Ding zwei Seiten hat. Die Saiten werden aus Därmen hergestellt; die besten kommen aus Darmstadt. Die vierte Saite heißt Quinte, vom lateinischen Quintus, der Fünfte. Diese ist am stärksten gespannt und platzt deshalb am häufigsten, was namentlich im Konzert während eines zarten Adagios nie seine Wirkung verfehlt. Wenn man gerissene Saiten aus

Sparsamkeit wieder zusammenknüpft, so empfiehlt es sich nicht, die Knoten gerade über dem Griffbrett anzubringen.

Etwa in der Mitte der Geige erhebt sich der sogenannte Steg; rechts und links von ihm befinden sich die *F-Löcher,* deren Zweck schwer einzusehen ist, denn größere Gegenstände lassen sich kaum durch sie in das Innere der Geige befördern. Es ist aber auch nicht zu empfehlen, etwa Geldstücke, Knöpfe, Haarlocken oder dergleichen hineinzuwerfen, weil man sie schwer wieder herausbekommt und sie auch beim Spielen den Ton des Instrumentes nicht wesentlich verbessern. Am besten verzichtet man auf die Ausnutzung des Innenraumes ganz. Eine der schwierigsten Aufgaben der Geigentechnik ist es, ein Brotkügelchen so durch das eine F-Loch zu pusten, daß es zum andern wieder hinausfliegt. Dies soll selbst Paganini nur ganz selten gelungen sein.

Wie bereits angedeutet, kann die Geige auch zur Erzeugung musikalischer Töne benutzt werden. Zu diesem Zweck werden die Saiten mit Pferdehaaren gestrichen, die an dem sogenannten *Geigenbogen* befestigt sind. Man reibt sie vorher mit einem Stück *Kolophonium* ein, das man sich von einem andern Geiger borgt. Hat man seinen Bogen vergessen oder versetzt, so kann man die Saiten auch mit dem Finger zupfen, wodurch das sogenannte *Pizzikato* entsteht. Sind Kranke in der Nähe, so dämpft man den Ton der Geige durch Aufsetzen der *Sordine*, die man zu diesem Zweck aus der rechten Westentasche nimmt.

Man hat schon seit längerer Zeit bemerkt, daß man auch andere Töne als die der leeren Saiten hervorbringen kann, wenn man diese mit den Fingern der linken Hand an geeigneten Punkten auf das Griffbrett drückt.

Davon wird ziemlich häufig Gebrauch gemacht, und der angehende Geiger tut gut, sich jene Punkte zu merken. Allzu ängstlich braucht er dabei nicht zu sein, denn in der Umgebung liegen auch überall Töne, und diese sind namentlich für das sehr verbreitete, sogenannte *unreine* Spiel von größter Wichtigkeit. Ist man zu schwach oder nicht dazu aufgelegt, die Saite ganz herunterzudrücken, so entstehen die flötenartigen *Flageolett*-Töne; man unterscheidet natürliche, künstliche und unfreiwillige Flageolett-Töne. Das Schwierigste aber bleibt es immer, die leeren Saiten anzustreichen und dabei mit der linken Hand an den Wirbeln herumzudrehen. Darin üben sich die größten Künstler unausgesetzt. Sie versuchen es vor jedem Stück von neuem, ja sie benutzen während des Spiels jeden freien Augenblick dazu. Was sie an dieser Aufgabe so reizt, ist schwer zu sagen; vermutlich ist es eben nur die Schwierigkeit der Sache, denn der musikalische Genuß, den diese Übung gewährt, muß als sehr mäßig bezeichnet werden.

Ist die Geige vom vielen Spielen ermüdet, so legt man sie in den möglichst weich ausgepolsterten Violinkasten und deckt sie mit der Geigendecke warm zu. Je früher man die Geige abends zu Bett bringt, desto gesünder ist es – für die Nachbarn.

Otto Schenk
Theatergeschichten II

Die ersten grossen Erfolge oder Mißerfolge hat meistens ein junger Schauspieler beim Vorsprechen in seiner Schule. Ich wurde mit zwei ganz leichten Aufgaben betraut. Ich sollte bei unserem sehr gefürchteten, weil überkritischen, strengen Professor, den ich sehr verehrt habe, Dr. Otto Schulbauer, den »Hamlet« vorsprechen und sprach mit großer Intensität und Aufregung »Sein oder Nichtsein« vor. Schulbauer unterbrach mich kein einziges Mal und ließ mich minutenlang auf seine Kritik warten. Ich stand belämmert und verlegen, von einem Fuß auf den anderen tretend, auf dem Podium und sah mit saugenden Augen auf das steinerne Gesicht Otto Schulbauers, der ganz langsam begann: »Lieber Herr Schenk, man kann den ›Hamlet‹ spielen: gehend, sitzend, auf dem Rücken liegend, auf dem Bauch liegend, verhetzt, gemessen, laut, leise, philosophisch, nervös – man kann ihn spielen als Renaissancemensch, im modernen Gewand, als potentiellen Selbstmörder, als hämischen Kritiker, man kann ihn spielen keuchend, mit kurzem Atem, eloquent, mit messerscharfer Rede, rhetorisch, konversationell. So wie Sie ihn g'spielt haben, kann man 'n nicht spielen.«

Mit dieser Ermunterung wurde ich mit meiner zweiten Aufgabe von Professor Fred Liewehr betraut, mit dem ersten »Faust«-Monolog. Die Regiehörer des dritten Jahrgangs, zu denen wir wie zu Göttern aufsahen, wir Anfänger, stürzten sich immer auf die jungen Regieopfer, die wir bildeten, wenn so eine Rolle vergeben wurde. Kurt Müller-Böck stand schon in der Schüler-Bibliothek, als ich mir das »Faust«-Büchlein ausborgte, um mit dem Studium zu beginnen, ergriff mich beim Nacken und sagte: »Hörst, Bua, i bin im ›Faust‹ a Spezialist. I möcht' den mit dir arbeiten. Was für an ›Faust‹-Monolog machst du? Den ›Urfaust‹ oder den gewöhnlichen ›Faust‹?« Gebildet, wie ich damals war, sagte ich: »Der Anfangsmonolog ist doch bei beiden so ziemlich der gleiche.« »Hast du a Ahnung!« sagte er mir mit der Arroganz des alteingesessenen Seminaristen. »Der ›Urfaust‹ ist ein Aufschrei. Wann der Vorhang zehn Zentimeter hoch ist, mußt schon brüllen.« »Dann möchte ich lieber den gewöhnlichen ›Faust‹ machen«, antwortete ich. Ich studierte trotz allem einen immer noch sehr temperamentvollen ›Faust‹ ein, arrangierte mir mit mitgebrachten Requisiten und Regalen die Studierstube, legte Bücherstapel auf einen wackeligen Tisch. Sogar einen Totenkopf aus Pappmaché hatte ich aufgeboten und einige Reagenzgläser und Retorten aus Plastik. Mein ›Faust‹, bzw. der ›Faust‹ Kurt Müller-Böcks, ging mit diesen Dingen recht unsanft um. Und ich begann: »Weh', steck' ich in dem Kerker noch...« – mit einem Krach flog der Tisch um. »Verfluchtes dumpfes Mauerloch...« – mit einem Tritt beförderte ich den Sessel in die Ecke. Bei den Worten: »mit Instrumenten vollgepfropft« wurden die Reagenzgläser vom Regal gefegt. Auch dieses ging dann noch in Trümmer, sowie die Bücherstellage, und mit den Worten: »Das heißt Deine Welt!« bearbeitete ich das Studierpult so stark mit den Fäusten, daß es zu Boden krachte.

Dann stand ich schweißgebadet da und wartete auf Freddys – so nannten wir unseren geliebten Fred Liewehr – Kritik. Freddy, die Güte selbst – im Gegensatz zu Schulbauer – sagte: »Mein lieber Junge, das war kein ›Faust‹, das war ein alter Jud', der sich über sein Mobiliar aufregt.«

Mehr noch als im Leben spricht man bei uns Schauspielern von einem Ton. Also: jedes Gefühl, jeder Satz, jede menschliche Schwäche löst in der Stimme und in der Art zu sprechen einen bestimmten Ton aus. Ein Meister dieser Töne und Tönchen, wie er sie selber nannte, war Alfred Neugebauer. Das ging so weit, daß er auch im Leben für gewisse Dinge sich bestimmte Töne zurechtgelegt hatte. Er sprach zu seinem Hund ganz anders als zu seinen Freunden, zu seiner Frau anders als zu seinen Kollegen und hatte einen besonders freundlichen Ton für Leute, die ihn bedienten oder die ihm eine Aufmerksamkeit erwiesen. Deshalb war er ein stets gern gesehener Gast in der Konditorei Demel, wo er auch jedesmal für seinen Hund Waldi ein Kipferl besorgte. Bevor man den Demel verläßt, bezahlt man an der Kasse. Die Kassiererin war eine große Anhängerin von Alfred Neugebauer, mit der er immer freundliche Worte wechselte. Eines Tages war er aber etwas in Eile und verwechselte den Ton, mit dem er Waldi das Kipferl gab, mit dem Ton, mit dem man die Kassiererin fragt, wieviel man schuldig sei. Das klang dann ungefähr so (mit verbindlichster Stimme): »Da hast du, lieber Waldi, das Kipferl!« – und zur Kassiererin (in kindlicher Hundesprache): »Was bin i dir schuldig?«

Wir österreichischen Schauspieler haben eine angeborene Schwierigkeit: unseren Dialekt. Nur mit großem Fleiß und manchmal oft vergeblicher Mühe erschließt sich uns das Hochdeutsche als erste Fremdsprache, die wir im Leben zu lernen haben. Wir haben's auf diesem Gebiet viel schwerer als die Politiker, die mit »l«, »ei« und »au« ohne jede Schwierigkeit in die höchsten Ämter gelangen können. Wenn sie dann noch in ihre Reden ein paar »jene« einflechten und von jenen Wählern reden, jene Steuern ermäßigen wollen und alle jene ansprechen wollen, die ihnen noch nicht zuhören, dann ist die Sache geritzt. Ich wäre eigentlich neugierig, zu wissen, ob sie zu Hause auch sagen: »Geh, Anni, sei so gut, gib mir jene Patschen, die dort unterm Bett stehen.«

Also, wie gesagt, wir Schauspieler tanzen auf der dünnen zerbrechlichen Decke unseres Hochdeutsch einen gefährlichen Tanz, und wie dünn sie ist, beweist folgende Geschichte: Ein berühmter Wiener Schauspieler begann bei einem Rezitationsabend in meisterhaftem Hochdeutsch das wunderschöne »Abendlied« von Matthias Claudius: »Der Mond ist aufgegangen, die gold'nen Sternlein prangen am Himmel hell und klar. Der Wald steht schwarz und schweiget und aus den Wiesen steiget der weiße Nebel – wunderbar« (im Dialekt). Sie sehen, meine Damen und Herren, daß die Innigkeit ihn sofort in die Heimat zurückgeführt hat.

Bei den Oberammergauer Festspielen erwies es sich, daß auch mehrmaliges Soufflieren nicht zum gewünschten Erfolg führen muß. Erschöpft von seiner Rolle und ganz hingegeben dem Sterben am Kreuze war

Christus um einen Satz zu früh gestorben. Er hatte sich die berühmten Worte: »Es ist vollbracht!« geschenkt. Die Souffleuse, eine fromme, bibelkundige Frau, wollte sich damit nicht zufriedengeben und das berühmte Wort »Es ist vollbracht!« unbedingt noch von ihrem Christus hören. Sie robbte fast aus ihrem Souffleurkasten und stöhnte über die weite Distanz immer wieder: »Es ist vollbracht... vollbracht... vollbracht...« Tatsächlich erwachte Christus wieder, hob die Augen zum Himmel und sagte mit verhauchender, aber weithin hörbarer Stimme: »Es ist prachtvoll!«

Rosa Albach-Retty sollte zu ihrem 105. Geburtstag noch einmal gefilmt werden. Sie empfing im Künstlerheim, wo sie lebte, das Filmteam des ORF an der Eingangstür, und man beschloß, die Aufnahme im ersten Stock in ihren Privatzimmern zu machen. Die Stiegen zum ersten Stock nahm die unwahrscheinlich rüstige Rosa Albach-Retty denn doch etwas zu schnell. Sie mußte stehenbleiben, stützte sich kurz auf den Kameramann, der sie begleitete, und sagte seufzend: »Tja, man ist halt keine Hundert mehr.«

Franz Molnár sagte einmal das wohl wahrste Wort, das man über das Theater je gesagt: »Schlechteste Jahreszeiten für Theater sind Frühling, Sommer, Herbst und Winter.«

Der geliebte Anton Edhofer sagte mir hingegen einmal auch etwas nicht immer Unzutreffendes über das Theater: »Weißt, Schenk: ein Theater sehen und müd werden is eins bei mir.«

Jeder von Ihnen, meine Damen und Herren, der schon einmal öffentlich aufgetreten ist oder nur eine Rede gehalten hat – und sei es nur, wenn Sie sich bei einer Geburtstagsfeier für etwas bedanken und dazu aufstehen mußten –, wird wissen, wie schwer es ist, den ersten Satz zu sprechen. Das geht uns Schauspielern auch so. Das Lampenfieber gibt sich meistens erst nach dem ersten Satz. Der erste Satz kommt oft sehr mühselig, zu laut oder etwas heiser, stockend heraus.

Was soll nun so ein armer Anfänger machen, der überhaupt nur einen Satz zu sprechen hat? Auch die Kenner im Publikum werden ihm nicht konzidieren »Der erste Satz ist schwer zu sprechen«, sondern »Der kann ja nicht einmal einen Satz sagen« wird die Meinung des Publikums lauten. Nun gibt es noch dazu boshafte Kollegen, die eine Riesenfreude haben, wenn ein Ein-Satz-Schauspieler auch diesen Satz schmeißt, und die sich den Spaß daraus machen, dem besagten Schauspieler einen falschen ähnlichen vorzusetzen, so lange, bis dieser irritiert wird. Unser Anfänger hat zu sagen: »Der Schweizer schießt.« Die lieben Kollegen sagen ihm immer wieder vor: »Der Schwyzer scheißt.« Er ist schon ganz nervös, hält sich die Ohren zu und wiederholt immer wieder vor sich hin: »Der Schweizer schießt. Der Schweizer schießt. Der Schweizer schießt.« Die Kollegen hinter ihm: »Der Schwyzer scheißt. Der

Schwyzer scheißt. Der Schwyzer scheißt.« Er entflieht der Horde seiner Kollegen, schleicht sich zu seinem Auftritt, will auftreten. Da steht immer noch einer und sagt ihm »Der Schwyzer scheißt« ins Ohr. Er tritt auf und korrigiert und sagt mannhaft und präzise: »Der Scheißer schwitzt.«

Max Adalbert war ein sehr beliebter, genialer Komiker, den kaum etwas aus der Fassung bringen konnte und der auf alle Eventualitäten, die auf der Bühne passierten und passieren konnten, ein schlagfertiges Extempore wußte. Er war auch ein großer Hundefreund und hatte – obwohl Tiere im Theater verboten waren – im Vertrag, daß er seinen etwas unerzogenen Straßenköter in die Garderobe mitnehmen durfte.

Auf der Bühne saß er als Schneider Wippel auf einem Tisch, und neben ihm hing ein Kanarienkäfig. Seine Garderobe, in der der Hund vor sich hin knurrte, grenzte unglücklicherweise sehr nahe an die Bühne. Der Hund wurde immer unruhiger; durch irgend etwas irritiert, brach er in lautes, die Vorstellung entsetzlich störendes Bellen aus, das durch das ganze Theater donnerte. Max Adalbert auf der Bühne hörte seelenruhig zu nähen auf, ging zu dem Kanarienkäfig und sagte im breitesten Berlinerisch zu dem Kanari im Käfig: »Wohl wahnsinnig geworden?« Ein donnernder Szenenapplaus war die Folge.

In eine Generalprobe wurden einmal, obwohl sie streng geschlossen war, aus besonderer Ehrfurcht Brecht und Kortner eingelassen. Auf dem Anschlag war auch gedruckt: »Die Generalprobe ist geschlossen, außer für Herrn Brecht und Herrn Kortner.« Und so saßen diese zwei großen Persönlichkeiten einsam wie ein erratischer Block im leeren Zuschauerraum. Die Probe begann, und nach zehn Minuten flüsterte Brecht zu Kortner: »Alle anderen hätten sie hereinlassen sollen, nur uns zwei nicht.«

Eine der schönsten Feiern, die das Burgtheater je veranstaltet hat, war der 100. Geburtstag Rosa Albach-Rettys. Rosa Albach-Retty gehört zu den geliebtesten Wiener Schauspielerinnen.

Auf der Bühne des Burgtheaters war das ganze Ensemble versammelt, und in der Mitte auf einem kleinen Podium wartete ein Thronsessel auf die Jubilarin. Sie wurde von den ältesten aktiven Mitgliedern, Philip Zeska und Richard Eybner, unter unvorstellbarem Jubel der Festgäste auf dieses Podium geleitet, leider nicht ganz ohne Mühe der beiden alten Herren, die rechts und links von Rosa Albach-Retty auf dem Podium Platz nahmen.

Die letzte Hofschauspielerin mußte sich zahlreiche Reden anhören, und die Feier dauerte um Beträchtliches länger als geplant.

Auf der Heimfahrt nach Baden wurde Rosa Albach-Retty gefragt, ob der Festakt mit all seinen Aufregungen für sie nicht zu anstrengend gewesen sei. Sie antwortete schmerzlich lächelnd: »Ach Gott, es war durchaus zum

Aushalten, nur ein bisserl anstrengend war halt schon, wie ich den Zeska und den Eybner zugleich aufs Podium hab hinaufschleppen müssen.«

Roda Roda
Das goldne Wienerherz

Wie man dem Wienerherzen wehetut

Man geht vom Stephansdom fort, die Kärntnerstraße entlang – geht – geht – bis man einem richtigen Wiener begegnet von vierzig Jahren.

Vierzig – da ist das Wienerherz am weichsten.

Und ihn fragt man:

»Señor! Gönn Sie sahen: wo is Stefansblatz?«

»Was wollen S', gnä Herr?«

»Uo is Sstefänsblätz, Sir?«

»Ich versteh allweil Stephansplatz?«

»Voui.«

»Oh, gnä Herr, da gehn S' ja verkehrt. Da müssen S' Eahna umdrahn und schnurgrad furt – nacher saan S' am Stephansplatz, 's is gar net zan Fehlen.«

Doch du, Fremdling, statt dem vernünftigen, blitzeinfachen Rat zu folgen, blickst den Wiener mißtrauisch an, schüttelst den Kopf und wandelst deines Weges – vom Stephansplatz weg.

Das Weh erwacht im Wienerherzen.

Er fleht dich an:

»Aber, gnä Herr! Wann i Eahna sag! I wir do wissen... I bin do a Hiesiger, a Weaner...«

Du schüttelst störrisch den Kopf und wanderst – immer weiter nach der Wieden zu.

Der Wiener fleht immer verzweifelter:

»Gnä Herr! Maanen S' denn, i will Eahna anschmieren? I sag's do, wie's is: umdrahn müssen S' Eahna und zruck.«

Du winkst ihm heftig ab.

Er faßt dich am Rockknopf – und jammert – jammert – fast möcht er dir zu Füßen fallen:

»Gnä Herr! Glauben S' mir denn nöt? Schau i aus wiar a Gauner? A Plattenbruder?«

Du schiebst ihn beiseite mit einer großen Gebärde und schreitest aus – unverzagt die falsche Richtung.

Da schwillt endlich das goldne Wienerherz. Er blickt dir nach und ruft:

»Hatsch nur, du Fallot, du dünngselchter! Hatsch nur am Naschmarkt! Wirst es scho bereun – wann's zu spät is, du damischer Kosak, russischer überanand!«

Wie man das Wienerherz missbraucht

Ich besteige auf dem Franz-Josephs-Kai die Elektrische, will nach der Oper. Unterwegs werde ich »Roda Rodas Roman« vornehmen.

Doch ich kenne mich: sowie ich ein Buch in der Hand halte, lese ich – lese immerzu – alles um mich versinkt, und ich versäume, rechtzeitig auszusteigen.

Das muß verhütet werden.

In Wien geht das sehr leicht: indem man das goldne Herz der Urbevölkerung mißbraucht. Wie folgt:

Ich frage laut, sowie ich auf dem Kai die Elektrische bestiegen habe: »Ui is ueit nach Opera?«

Sogleich schwirrt es im Publikum:

»Aha – an Ausländer!« – »Er will zur Oper.« – »Was sucht an Ausländer bei der Oper?« – »Gewiß a Musiker.

A Franzos.« – »Ah wo! In an Hotöll wird er halt wohnen, bei der Oper. An Engländer is's.« – »An Engländer? Und da sagen s', mir ham kan Fremdenverkehr z' Wean.« – »Ham S' scho ghört, Frau Kranzelstock? An Engländer is da – möcht zruck in sei Hotöll und findt nöt.« – »Ja, mei! 's is halt schwer für an Menschen in der Fremd, wann er d' Sprach nöt varrsteht.«

(Ich lese ruhig »Roda Rodas Roman«.)

»Reisen! Dös bildet! I – wann i reisen kunnt, wiar i möcht! Nach Graz fahret i, nach Grammat-Neusiedel, nach China. Muß scho was Schöns sein – wann ma 's Göld hat.«

(Ich höre kein Wort; bin sozusagen aufgelöst in Lektüre.)

»Uniferssitätt – i muß aussteigen. Gengan S', Herr Nachbar, saan S' so gut: hier, der Herr – an Engländer – der möcht zur Oper. Alsdann machen S' eahm aufmerksam...« – »'s saan no zwaa Haltestellen – man sollet eahms sagen, daß er nöt per Zufall weiterfahrt.« – »Lassen S' eahm – 's is no Zeit – er leest.«

Ich lese, und all die guten, guten Menschen passen erregt auf und erinnern einander, um mich ja nicht über mein Ziel hinauszulassen.

Knapp vor der Oper rufen mich zwanzig an:

»Gnä Herr! Jetzt war's hexte Zeit.«

Ich klappe mein Buch zu und gehe ohne Gruß.

Zehn Menschen drängen mir nach, sehen mich mit bewundernden Augen an, und zehn ausgestreckte Arme weisen mir die Oper.

Ernst Lothar
Die Tür zum Glanz

Von dem mit Rossen, Reitern und Genien geschmückten Haus auf dem Wiener Opernring war manche Jahre Geheimnis ausgegangen. »Das ist die Oper«, sagten die Kinder, wenn sie daran vorbeikamen, es klang wie: »Hier wohnen die Zauberer.«

»Was geschieht denn da drin?« wurden sie von den Leuten gefragt, die mit Kindern im Singsangton sprechen.

Während ihre Augen noch größer wurden, sagte Hansi: »Ich weiß nicht«, und Agathe verbesserte: »Theater spielen sie halt.« Sie wußte es auch nicht.

Als sie zu ahnen schienen, daß die Geheimnisse der Kinder die Selbstverständlichkeiten der Erwachsenen sind, versprach ich, sie dürften in die Oper, mit anderen Worten, zum erstenmal in ein richtiges Theater gehen; bisher waren sie nur im Zirkus gewesen. Bedingung dafür war allerdings »etwas Passendes« – worunter ich weder damals noch heute den »Ring der Nibelungen« verstand. Wir mußten die »Puppenfee« abwarten, ein Ballett, das für Generationen Wiener Kinder mit dem ersten Theaterbesuch identisch war; auch »Hänsel und Gretel« war für denselben Nachmittag versprochen.

Drei Abende vorher saß Agathe, auf einem mit Seidenpapier überzogenen Kamm blasend, mit an den Leib gezogenen Beinen wie ein Derwisch auf dem Boden des Kinderzimmers. Hansi stand, einen Staubwedel in der einen, einen Fingerhut in der anderen Hand, hinter ihr und fletschte die Zähne. »Wir spielen Oper«, sagten sie, als ich fragte, was sie machten. Was malten sie in ihren Köpfen aus, dem sie mit einem Staubwedel und einem Fingerhut beikommen zu können glaubten? Müßige Frage. Sie besaßen noch die Gabe, die aus dem Staubwedel Palmen, aus einem Fingerhut die Fülle macht.

Doch als ihnen die rosa Logenkarte gezeigt wurde, auf der gedruckt stand, wo sie sitzen würden, erster Rang, rechts, Nummer drei, kam das Unbekannte greifbar auf sie zu; sie küßten den rosa Zettel, hatten ihn abwechselnd den ganzen Tag bei sich, und als es Zeit zum Schlafengehen wurde, stritten sie, wer ihn in der Nacht haben sollte. Ein Vergleich kam zustande: Hansi legte ihn unter ihren Kopfpolster, denn sie schlief meistens vor Agathe ein; dafür sollte Agathe ihn während der Nacht haben, sobald Hansi eingeschlafen war.

Mochte es Aufregung oder Tücke sein: an diesem Abend wurde Hansi nicht müde. Sie bekam nicht wie sonst »kleine Augen«, sie wurde, je länger sie im Bett lag, desto munterer. Agathe sah es. Empört ließ sie, was kraft der Vereinbarung nicht zu ändern war, geschehen, zum erstenmal erfahrend, wie schutzlos Verträge machen können. Um aber der jüngeren Schwester nicht den Triumph des Sieges zu gönnen, schloß sie die Augen, als wäre sie selbst schläfrig. Blinzelnd sah sie das Unrecht erhobenen Hauptes stolzieren, denn, um sich wachzuhalten, tanzte Hansi im Bett. Da schlief Agathe vor Zorn zuerst ein.

Betroffen von dieser Wendung, hörte die Jüngere zu tanzen auf und sah mißtrauisch in das Nachbarbett. Schlief die Schwester wirklich? Sie wartete. Als Agathes Schlaf keinen Zweifel ließ, sprang Hansi aus dem Bett und schob den Zettel unter Agathes Polster. »Danke«, sagte Agathe erwachend. »Siehst du?« sagte Hansi. Es war nicht klar, ob sie meinte, daß Agathes Schlaf nur Verstellung oder daß sie selbst viel zu großherzig gewesen war.

Nachdem wir sie am Weihnachtstag dazu gebracht hatten, fünf kleine Puppen ihres Puppentheaters zu Hause zu lassen – sie wollte sie unbedingt in die Oper mitnehmen, damit sie »es lernten« –, war es soweit. Wenige Minuten nach eins standen die Kinder vor der Oper. Es schneite. Was man mit Kindern erlebt, verändert sich. Ich würde es nie für möglich gehalten haben, wegen einer Nachmittagsvorstellung der »Puppenfee« eine Stunde zu früh vor geschlossenen Türen aufgeregt im Schnee zu stehen. Ich stand aber dort.

»Wird es schön sein?« fragte Hansi, der Gewißheit wegen.

»Ja.«

»Schöner als der Zirkus?«

»Ja.«

»Schöner als Weihnachten?«

»Ja.«

»Schöner als –«, sie suchte einen Superlativ und konnte ihn nicht finden.

Da öffneten die Türen sich, wir waren in dem fürstlichen Haus. Schnell die marmorne Treppe hinauf, fortgetragen, aufwärtsgeführt von heißer Erwartung! Marmor- und Erzantlitze, Gedenktafeln großartiger Vergangenheit – die Kinder wollten sich nichts zeigen lassen, die Gegenwart bedeutete ihnen alles.

Eine doppelflügelige Glastür sprang auf; ein Logendiener in braunem, goldbetreßtem, medaillengeschmücktem Rock, den die mit Uniformen unvertrauten Kinder für einen General hielten, wendete sich uns zu. Agathe überreichte ihm ehrerbietig die rosa Karte, die sie eng an ihre Brust gepreßt hatte. Ein Schalter wurde angeknipst – wir standen in einer mit Damast ausgeschlagenen Loge, sie hatte eine purpurrote Portiere, purpurrote Plüschstühle, einen dicken purpurroten Teppich, und vorn, vor der elfenbeingelben Brüstung, schimmerte, strahlte, leuchtete das Oval des herrlichen Saales. Ein merkwürdiger Duft hüllte uns ein, er kam von den Parfüms, die Generationen hier verströmt hatten, den Süßigkeiten des Zuckerbäckers im Vestibül, von Leim und Farben hinter dem Vorhang, dessen vergoldetes Portal den Zutritt zu Feenhaftem versprach.

»Es riecht gut!« sagte Agathe. Sie las den Theaterzettel, er zitterte ihr in der Hand.

»Es riecht nach Schokolade!« erklärte Hansi und wollte, daß es anfange.

Doch wir waren viel zu früh gekommen, der Saal füllte sich erst. Überall Kinder. Im Parkett und in den Rängen, aus tausend bebenden Lippen brauste ihre Neugier, aus staunend weiten Pupillen schaute und brannte ihre Ungeduld. Im voraus hingerissen, warteten sie auf den Glanz und verbreiteten ihn selbst viel wärmer, als es die Spieler hinter dem vergoldeten Vorhang jemals konnten. »Aber es sind fast nur Kinder da?« sagte Hansi. »Aber.« »Nur.« Ihresgleichen schien ihr die mindere Gesellschaft zu sein.

Die Klingel zum Anfang schrillte, der Saal glitt ins Dunkel; noch bevor der Kapellmeister den Stab erhob, kam die Frage, auf die ich gewartet hatte. Den Kopf auf der Logenbrüstung wie auf einem Kissen, womit sie verbergen wollte, daß sie noch nicht groß genug war, um wie ihre Schwester aufrecht im Sessel zu sitzen, stellte

Hansi die Hauptfrage der Kindheit im Glück: »Wird es lang dauern?«

Die Geigen überhoben mich der Antwort. Übrigens beharrte sie nicht darauf, denn der Vorhang war aufgegangen, das machte sie sprachlos. Hänsel und Gretel standen in der durchsonnten Stube, beide ganz so wie im Märchenbuch: sein Jäckchen war am Ellbogen geflickt, sie trug rote Strümpfe in Strohschuhen. Ihr Spiel fing an, das freundliche, innige Spiel im deutschen Wald, dessen Baumrauschen, Tiefgrün und Stille über den kleinen Dingen war, über den armen Eltern am Herd, über den verlassenen Kindern in der Nacht, über der Traurigkeit des Verirrtseins und dem Jubel des Sichfindens. Leuchtkäfer flimmerten, Rehe gingen vorbei, rote Regenschirmpilze standen im Hintergrund. Die verirrten Kinder sangen: »Ein Männlein steht im Walde, so still und stumm – Es hat von lauter Purpur ein Mäntlein um...«, in ihrer Verlassenheit nahmen sie einander an den Händen. Und die Hexe erschien, fahl beleuchtet ritt sie auf dem Besenstiel, sonst hätte man nicht gewußt, daß sie eine Hexe war. Zum Schluß geschah ihr nach Verdienst, der Schädel wurde ihr mit einer Axt zerspalten, man konnte es hören, ritschratsch, so daß alles ein gutes Ende nahm. Wenn sie nicht gestorben sind, leben sie noch heute im deutschen Wald, wo es so innig zugehen konnte, daß keinem ein Haar gekrümmt wurde, nicht einmal von Bösewichten. Als der Vorhang fiel, trat zwischen Hänsel und Gretel die Hexe und verneigte sich. »Sie ist doch tot!« sagte Agathe fassungslos.

»Sei nicht so dumm!« sagte Hansi. »Sie bedankt sich nur fürs Applaudieren, dann ist sie wieder tot.«

In der Zwischenpause gab es Schokoladetorte und

Mandelmilch, die Lichter strahlten überall, die aufgeregten Stimmen schwirrten beseligt; trotzdem schwebte, fast unsichtbar, ein dünner Schleier über dem Glanz. Zwar stand das Schönste noch bevor; die Hälfte aber war vorbei, die schönere, obwohl das Schönste noch kommen sollte. In der Pause fragt man sich, was einem geblieben ist; zwischen »Hänsel und Gretel« und der »Puppenfee« ist das weniger entscheidend als zwischen Jugend und Älterwerden oder, noch später, zwischen Erwartung und Verzicht. Als der Saal sich wieder verfinsterte, flüsterte mir Hansi, als könnte ich helfen, flehend zu: »Es soll nicht aufhören!«

»Sei nicht so dumm!« sagte Agathe zur Vergeltung.

Da war sie, unsere gute »Puppenfee«. Jünger schien sie nicht geworden, seit ich sie zuletzt gesehen hatte – wie lang war das her? So lang jedenfalls, daß ich sie nicht weniger unwiderstehlich gefunden hatte als jetzt die zwei, denen die Wangen glühten und die Brust zu eng wurde.

Nichts und alles hatte sich geändert. Vorne rechts, wie vor undenklichen Zeiten, saß, in Silberweiß und Himmelblau, die große Bebépuppe; sie würde später »Papa!« und »Mama!« sagen, was ein an ihrem Rücken angebrachtes Plakat ausdrücklich versprach: »Sagt ›Papa!‹ und ›Mama!‹«

»Du schaust ja gar nicht!« sagte Agathe.

Ja, ich schaute. Ich sah den Engländer mit dem rötlichen Backenbart, in Salz und Pfeffer gekleidet; er examinierte alles und kaufte nichts, wogegen ein Amerikaner mit Dollars um sich warf. Machten sie, im Ballett, die Engländer immer noch zu Geizhälsen, die Amerikaner zu Geldsäcken? Urteile ändern sich, Vorurteile nicht. Eine Spanierin war mit Kastagnetten hitzig, eine

Tirolerin trug ein grasgrünes Hütchen, ein Russe tanzte in Kniebeuge, eine Ungarin schlug sich feurig auf die Schenkel, die Chinesin trippelte, die Japanerin handhabte den Fächer – die Welt benahm sich, wie man es von ihr erwartete.

»Was sind das für Leute?« fragte Hansi.

»Typen«, sagte ich.

»Was ist das?«

»Leute, die es nicht gibt.«

»Pst!« machte jemand in der Nebenloge.

Eins! Zwei! Drei! Zwölf...! Die zeigerlose Uhr auf der Bühne schlug Mitternacht. Magisch überschüttet von rosafarbigem Schein erschien die Puppenfee, und die Kinder tauchten atemlos in das Wunder. Leben kam in die leblosen Spielsachen, die Zinnsoldaten marschierten, die Schaukelpferde galoppierten, die Schachbrettfiguren tanzten Quadrille, die Kegel stellten sich zu neun auf, der Dragoner küßte die Tirolerin. Es war fabelhaft.

Dann fiel der Vorhang auch über der Puppenfee. Endlos klatschten die Kinder Beifall, nur um noch länger bleiben zu können. Der in Braun und Gold gekleidete Logenschließer hatte schon zweimal die Tür für uns geöffnet, doch die Kinder sahen ihn nicht, ihre geblendeten Augen mußten sich erst wieder gewöhnen.

»Woher ist das rosa Licht gekommen?« fragte Agathe draußen im Schnee.

Ich hätte ihr vermutlich sagen sollen, aus drei Scheinwerfern. »Das macht die Puppenfee«, sagte ich.

»Nicht wahr?« sagte sie begeistert.

Auch Hansi, die sonst so gern widerspricht, gefiel die Antwort.

Illusionen zu zerstören, ist immer noch Zeit.

Johann Wolfgang von Goethe
Gespräch mit einem österreichischen General

In meiner Art auf und ab wandelnd, war ich seit einigen Tagen an einem alten Manne von etwa 78 bis 80 Jahren häufig vorübergegangen, der, auf sein Rohr mit dem goldenen Knopfe gestützt, dieselbe Straße zog, kommend und gehend. Ich erfuhr, er sei ein vormaliger hochverdienter österreichischer General aus einem alten, sehr vornehmen Geschlechte. Einige Male hatte ich bemerkt, daß der Alte mich scharf anblickte, auch wohl, wenn ich vorüber war, stehenblieb und mir nachschaute. Indes war mir das nicht auffallend, weil mir dergleichen wohl schon begegnet ist. Nun aber trat ich einmal auf einem Spaziergang etwas zur Seite, um, ich weiß nicht was, genauer anzusehen. Da kam der Alte freundlich auf mich zu, entblößte das Haupt ein wenig, was ich natürlich anständig erwiderte, und redete mich folgendermaßen an:

»Nicht wahr, Sie nennen sich Herr Goethe?« – »Schon recht.« – »Aus Weimar?« – »Schon recht.« – »Nicht wahr, Sie haben Bücher geschrieben?« – »O ja.« – »Und Verse gemacht?« – »Auch.« – »Es soll schön sein.« – »Hm!« – »Haben Sie denn viel geschrieben?« – »Hm! Es mag so angehen.« – »Ist das Versemachen schwer?« – »So, so.« – »Es kommt wohl halter auf die Laune an: ob man gut gegessen und getrunken hat, nicht wahr?« – »Es ist mir fast so vorgekommen.«

»Na schaun S'! Da sollten Sie nicht in Weimar sitzenbleiben, sondern halter nach Wien kommen.« – »Hab' auch schon daran gedacht.« – »Na schaun S', in Wien ist's gut; es wird gut gegessen und getrunken.« – »Hm!« – »Und man hält was auf solche Leute, die Verse machen können.« – »Hm!« – »Ja, und desgleichen Leute finden wohl gar – wenn S' sich gut halten, schaun S', und zu leben wissen – in den ersten und vornehmsten Häusern Aufnahme.« – »Hm!«

»Kommen S' nur; melden S' sich bei mir; ich habe Bekanntschaft, Verwandtschaft, Einfluß. Schreiben S' nur: Goethe aus Weimar, bekannt von Karlsbad her. Das letzte ist notwendig zu meiner Erinnerung, weil ich halter viel im Kopf habe.«

»Werde nicht verfehlen.«

»Aber sagen S' mir doch, was haben S' denn geschrieben?«

»Mancherlei, von Adam bis Napoleon, vom Ararat bis zum Blocksberg, von der Zeder bis zum Brombeerstrauch.«

»Es soll halter berühmt sein.« – »Hm! Leidlich.« – »Schade, daß ich nichts von Ihnen gelesen und auch früher nichts von Ihnen gehört habe. Sind schon neue, verbesserte Auflagen von Ihren Schriften erschienen?« – »O ja, wohl auch.« – »Und es werden wohl noch mehr erscheinen?« – »Das wollen wir hoffen!«

»Ja, schaun S', da kauf' ich Ihre Werke nicht. Ich kaufe halter nur Ausgaben der letzten Hand; sonst hat man immer den Ärger, ein schlechtes Buch zu besitzen, oder man muß dasselbe Buch zum zweiten Male kaufen. Darum warte ich, um sicher zu gehen, immer den Tod der Autoren ab, ehe ich ihre Werke kaufe. Das ist Grundsatz bei mir, und von diesem Grundsatz kann ich halter auch bei Ihnen nicht abgehen.«

Peter Altenberg
Gedicht

Ich nahm ein Mädchen zu mir über Nacht.
Das macht nichts.
Bevor sie einschlief, sagte sie: »Sind Sie ein Dichter?!?«
»Weshalb? Vielleicht. Das macht nichts.«
»Ich habe nämlich auch einmal gedichtet –.«
»?!?«

»Ich hab' dich so gern.
Nun bist du fern...
  Das macht nichts.
Auf meinem Grabe wird steh'n:
  ›Ich liebe dich!‹
Niemand wird wissen wer und wen...
  Das macht nichts.«

Ich gab dem Mädchen 10 Gulden statt 5 – –.

»Oh«, sagte sie lächelnd, »5 waren nur ausbedungen!?!«

»Das macht nichts. Die Rechnung stimmt. Sieh', Mädchen, wie genau ich zähle...

5 für deinen süßen Leib und 5 für deine süße Seele!«

Wolfgang Amadeus Mozart
Kleiner Rat an seine Schwester Nannerl

Du wirst im Ehstand viel erfahren,
was dir ein halbes Rätsel war;
bald wirst du aus Erfahrung wissen,
wie Eva einst hat handeln müssen,
daß sie hernach den Kain gebar.

Doch, Schwester, diese Ehstandspflichten
wirst du von Herzen gern verrichten,
denn glaube mir, sie sind nicht schwer.
Doch jede Sache hat zwo Seiten:
Der Ehestand bringt zwar viele Freuden,
allein auch Kummer bringet er.

Drum, wenn dein Mann dir finstre Mienen,
die du nicht glaubest zu verdienen,
in seiner übln Laune macht,
so denke, das ist Männergrille,
und sag: Herr, es gescheh dein Wille
bei Tag, und meiner in der Nacht.

Jaroslav Hašek
Pepiček Nový erzählt von der Verlobung seiner Schwester

Mein Vater ist höherer Staatsbeamter und heißt Nový. Meine Schwester heißt Matylda. Sie hat auch einen Staatsbeamten geheiratet. Der heißt Handšlág.

Zuerst ist meine Schwester mit einem Herrn von der Statthalterei gegangen. Mein Vater kümmerte sich darum, daß er befördert wurde. Als er befördert worden war, weinten Mutter und Matylda, weil dieser Herr nun aufhörte, mit Matylda zu gehen. Hernach kam immer ein Studienrat zu uns. Der zeigte ständig mit den Händen: so, so! Und jeden zweiten Satz begann er mit den Worten: »Streng genommen...« Einmal brachte er mir einen Globus mit; als er dann später nicht mehr zu uns kam, ließ er ihn wieder abholen.

Nach dem Studienrat ging Matylda mit einem Ingenieur vom Landesausschuß. Der hatte die Gewohnheit, dauernd zu streiten, und seine ständige Redensart war: »Das Interesse des Landes erfordert es.« Matylda hatte ihn sehr gern, und sie weinte den ganzen Tag, als ihn unser Vater eines Tages hinauswarf, weil der Ingenieur wollte, daß das Geld im Lande bleibt und nicht nach Wien geschickt wird.

Hierauf führte der Vater einen Beamten aus seinem Referat bei uns ein. Das war ein ganz stiller Mensch. Mit ihm sprach er oft bis tief in die Nacht über dienstliche Angelegenheiten. Matylda saß mit einer Handarbeit daneben, der Vater und jener Herr aber sprachen von Politik und tranken dazu Wasser.

Matylda hatte diesen stillen Herrn sehr gern. Dann stellte sich heraus, daß dieser stille Herr irgendwo in Mähren drei Kinder hatte. Seitdem kam er nicht mehr, und der Vater sagte nur, er sei versetzt worden.

Ein halbes Jahr lang kam niemand zu uns. Matylda ging mit einem Offizier, aber so, daß man zu Hause nichts davon wußte.

Doch eines Tages entdeckte der Vater ihr Geheimnis und sprach mit ihr ein ernstes Wort. Sie wurde über und über rot. Dann haben wir alle geweint, weil der Vater in einem fort sagte: »Diese Schande, nein, diese Schande!«

Gleich am nächsten Tag brachte Vater einen hageren Mann mit, und das war eben jener Handšlág.

Als er wegging, sagte der Vater, das sei ein sehr begabter Mensch. Nach jedem Wort sagte er: »Küß die Hand, gnädige Frau Rat!« Und zum Vater sagte er: »Euer Wohlgeboren, Herr Rat!« Mein Vater ist nämlich sein Vorgesetzter.

Nach zwei Tagen kam er wieder und war ebenso höflich. Dauernd sagte er »Mit Verlaub« und »Gnädige Frau«, und er küßte der Mutter die Hand. Er blieb auch bei uns zum Mittagessen. Zu allem, was der Vater sagte, nickte er; jeden Bissen schluckte er voll Hochachtung, und er kaute leise, wobei er sagte: »Mit Verlaub, es ist vorzüglich!« Er sagte auch: »Wie Sie befehlen, Herr Chef!«

Als er weg war, wurde ich ins Bett geschickt, und im Speisezimmer tagte der Familienrat. Ich lauschte an der Tür, wie ich es immer mache, und da hörte ich, wie der Vater sagte: »Du nimmst ihn aufgrund meiner väterlichen Befehlsgewalt, und er heiratet dich als pflichtbewußter Staatsbeamter!« Dann hörte ich, wie Matylda sagte, er sei ein Trottel.

Die Mutter seufzte und sagte, Matylda brauche ihn ja vor der Hochzeit nicht gern zu haben; sie habe als Mädchen den Vater auch absolut nicht gern gehabt, das sei erst fünf Jahre nach der Hochzeit gekommen, ganz allmählich durch Gewöhnung. Aber Matylda dürfe es diesem Narren nicht zu erkennen geben, daß er ein Trottel sei, der Vater hat das auch erst viel später erfahren.

Matylda jammerte, sie gehe lieber als Ledige in die Gebäranstalt, als daß sie einen heirate, den sie nicht liebe. Die Mutter redete es ihr aber aus, weil es heute keine geheime Abteilung mehr gibt.

Dann versprach der Vater Matylda ein Armband, eine Brillantbrosche und noch andere Dinge.

Da sagte Matylda, sie werde ihn also heiraten, damit sie keine Schande über die Familie bringe.

Hierauf küßten sie Vater und Mutter und sagten: »Das ist unsere brave Matylda.«

Dann hörte ich, wie die Rede auf Handšlág kam. Der Vater sagte, er werde ihn befördern, aber erst nach der Hochzeit, damit er nicht vorher ausreiße oder kneife. Er sei zwar ein Trottel, aber im übrigen ein ordentlicher Beamter, dem die Amtspflicht heilig ist.

»Wenn er unsere Matylda nur wirklich nimmt«, sagte die Mutter.

»Ich gebe ihm als Chef den Auftrag dazu«, sagte der Vater, »und ich werde ihm alles sagen.«

Als Herr Handšlág am nächsten Tag zu uns kam, war er sehr schüchtern und schaute dauernd auf Matylda. Meiner Schwester war vorher eingeschärft worden, sie solle ihm zulächeln und sich mit ihm unterhalten. Sie gehorchte, und er sagte in einem fort leise: »Jawohl, gnädiges Fräulein.«

Dann wurde Wein gebracht, Herr Handšlág nippte nur leicht, sagte: »Mit Verlaub, Herr Chef!« und begann, von amtlichen Schriftstücken zu reden.

An diesem Tage sprachen die Eltern nicht mehr über ihn, als er gegangen war. Am nächsten Tag sagte der Vater im Zimmer leise, damit ich es nicht hören sollte: »Heute kommt mein Beamter und hält um deine Hand an, Matylda! Steck eine Rose an die Bluse!«

Das Dienstmädchen lief fort, um eine Rose zu holen, und die Mutter schimpfte dann, es wäre nicht nötig gewesen, eine Rose für dreißig Kreuzer zu kaufen, es hätte auch eine für fünfzehn genügt.

Dann wurde Matylda einparfümiert. Mit dem Rest des Parfüms rieb ich unseren Hund ein.

Herr Handšlág kam im schwarzen Anzug und mit weißen Handschuhen. Er wirkte noch blasser und hagerer als am Vortage. Als er Platz genommen hatte, sprach er wieder über amtliche Schriftstücke.

Die Mutter brachte die Likörflasche und goß ihm dreimal ein. Als sie ihm das vierte Glas eingießen wollte, sagte er: »Es reicht schon, gnädige Frau!« und zum Vater: »Herr Chef, darf ich Sie um eine private Aussprache bitten?«

Der Vater schaute mich an und wies mit dem Finger auf die Tür.

Dann ging die Mutter zu Matylda, die nebenan im Zimmer saß und gähnte. »Dieser Hohlkopf braucht aber lange zum Heiraten!« meinte sie. Die Mutter betupfte Matylda noch mit Puder.

Da war auch schon Vaters Stimme zu vernehmen: »Matylda!«

Ich stellte mich ans Schlüsselloch und hörte gerade den Vater sagen: »Meine liebe Matylda! Herr Handšlág hat um deine Hand angehalten. Ich habe nichts dagegen, in dieser Frage aber bist du die Hauptperson. Was sagst du dazu?« Ich hörte Matylda weinen und unter Schluchzen sagen: »Ja, ja!«, und hernach hörte ich noch: »Mutter!«

Die Mutter kam herbei und rief: »Kinder, ich habe es ja gleich gewußt! Wie gut ihr zusammenpaßt!«

Dann riefen sie: »Pepíček!« Ich ging ins Zimmer, und da eröffneten sie mir, Herr Handšlág werde Matylda heiraten. Die Mutter fragte mich, ob ich ihn auch gern haben werde. Ich konnte doch nicht nein sagen. Da faßte er mich, küßte mich und rief: »Ach, Pepíček, Sohn meines Chefs!«

Seither sagte er immer zum Vater: »Wie Sie befehlen, Herr Chef und Vater«, und zur Mutter: »Küß die Hand, gnädige Frau und Mutter!«

Als er wegging, gab er an der Tür dem Dienstmädchen einen Gulden und mir eine Krone und sagte: »Da hast du, Pepíček, Sohn meines Chefs!«

Am folgenden Tag brachte Herr Handšlág Ringe mit, und als der Wein aufgetragen wurde, hob er sein Glas und sagte: »Auf unsere glückliche Ehe! Mit Verlaub, Herr Chef und Vater, gnädige Frau und Mutter!«

»Werdet glücklich, Kinder!« sagte die Mutter und weinte.

Als Matylda später Herrn Handšlág zur Haustür begleitete, schickten sie mich aus dem Zimmer, und die Mutter sagte zum Vater: »Matylda muß sich im November legen. Das sind nur noch zwei Monate.«

»Im nächsten Monat ist Hochzeit«, entgegnete der Vater, »und dann erst geben wir ihm das Dekret über seine Beförderung...«

Matylda kam wieder ins Zimmer und sagte, der Trottel habe von ihr einen Kuß haben wollen.

»Das ist eine Frechheit!« sagte die Mutter.

»Aber er ist ein guter Beamter!« meinte der Vater.

Alfred Polgar
Das Kind

Nun das Kind zur Welt gekommen ist, haben alle, mit Ausnahme des Neugeborenen, große Freude. Verwandte und Bekannte blicken lächelnd auf das feuerrote, verrunzelte Stückchen Mensch, obschon es doch eigentlich mehr Gefühl des Mitleids wecken sollte, denn da es ins Leben trat, trat es ja in den Tod, und mit jeder Sekunde, die es sich vom Augenblick seines Anfangs entfernt, nähert es sich dem Augenblick seines Endes. Vor neun Monaten noch unsterblich wie eine ewige Idee, ein göttliches Prinzip, ist es nun schon mitten drin im Sterben, hat von dem Zeitkapital, mit dem es sein Auslangen finden muß, vierundzwanzig Stunden schon verbraucht. »Me genesthai!« sagt der Weise, nicht geboren werden ist das Beste. Aber wem widerfährt das schon? Unter Millionen kaum einem.

Das Kind quiekt. Not und Unbehagen sind die ersten, die an die noch verschlossene Tür des Bewußtseins klopfen und das Kind durch ihr Klopfen im Schlafe stören. Schreiend erhebt es Klage, Anklage, daß es da ist. Die Erwachsenen, ausgepichte, eingewöhnte Sträflinge des Lebens, empfangen den Zuwachs mit verlegenem Humor. Heuchlerisch fragen sie: »Na, was iserlt denn?«, als ob sie nicht ganz genau wüßten, was es iserlt.

Der Vater fordert das Kind mit singenden Schmeicheltönen auf, zu lächeln. Er späht gierig nach diesem Lächeln aus, als nach einem Zeichen, daß das arme Wesen sich mit dem Schicksal, dazusein, abgefunden habe.

»Na, so lach doch ein bißchen« heißt soviel wie: Zeige doch, daß du mir verzeihst, dich in die Gemeinschaft der Lebenden gestoßen zu haben. Vaterliebe ist zum Teil Schuldgefühl gegen das Geborene. Aber natürlich ist dieses Gefühl in den Vätern bis zur Unmerklichkeit verkapselt, zurückgedrängt vom Schöpferstolz, obgleich ja, an der mütterlichen Leistung gemessen, des Vaters kurze Arbeit zum Werden der Kreatur nicht gar so imponierend ist.

Haust schon eine Seele in dem planvoll organisierten Zellenhäufchen? Waren die guten Feen schon da, die die Gaben, und die bösen Magier, die die ersten Komplexe bringen? Die kleine Maschine ist in vollem Betrieb; das Herz schlägt, das Blut wandert, die Drüsen sezernieren, die Lungen schaffen Kohlendioxyd ins Freie, und die winzigen Fingerchen, Zinken einer Puppenküchengabel, schließen sich um den Finger des gerührten Vaters. Das Kind greift nach dem, was es erreichen kann. Siehe, ein Mensch!

Wenn es zum ersten Male die Augen aufschlägt, da vollzieht sich Neugeburt des Alls durch das Neugeborene. Es öffnet der Welt Pforten, durch die sie einzieht, um zu sein. Der Ansturm ist heftig, immer wieder müssen die zarten Tore geschlossen werden. Nicht drängen, alles kommt dran.

Auge des Kindes: da blickt eine Welt *hinein*. Auge des erwachsenen Menschen: eine Welt blickt da *heraus*. Darum ist es so trübe wie ein Glas, an dem viele Spuren von Getrunkenem haften.

Das Kind schreit. Doch wenn es zu trinken bekommt, tut es einen ganz zarten Seufzer der Erleichterung, seine Züge entspannen sich, und mit jedem Schlückchen Milch saugt es ein Schlückchen Frieden in sein Antlitz.

So wird der Mensch vom Beginn an durch Nahrung bestochen, seine wahre Meinung zu unterdrücken und Ruhe zu geben und lieb zu sein. Ach wie lieb ist das Kind! Auch das Böse en miniature ist lieb. Auch die Hölle in Taschenformat und der Teufel, wenn er daumengroß erschiene, mit einem Mauseschwänzchen, wären es.

Die Mutter ruht blaß und erschöpft. Es ist ihr wunderlich zumute, so angenehm leer und so schmerzhaft verlassen, so reich beschenkt und so gröblich ausgenutzt. Und ihre Seele, die Gott dankt, ist heimlich gewärtig, daß er ihr danke. Darauf hat sie auch Anspruch. Denn der Schöpfer lebt in seinen Geschöpfen, und jedes Stück neues Leben, das wird, ist seinem eigenen zugelegt.

Leise geht die Tür auf. Die Mutter wäre gar nicht erstaunt, wenn drei Könige aus Morgenland auf Zehenspitzen hereinkämen.

Es ist aber nur der Onkel Poldi.

Gotthold Ephraim Lessing
Die eheliche Liebe

Klorinde starb; sechs Wochen drauf
Gab auch ihr Mann das Leben auf,
Und seine Seele nahm aus diesem Weltgetümmel
Den pfeilgeraden Weg zum Himmel.
»Herr Petrus«, rief er, »aufgemacht!«
»*Wer da?*« – »*Ein wackrer Christ.*« –
»*Was für ein wackrer Christ?*«
»Der manche Nacht,
Seitdem die Schwindsucht ihn aufs Krankenbette brachte,
In Furcht, Gebet und Zittern wachte.
Macht bald!«... Das Tor wird aufgetan.
»*Ha! ha! Klorindens Mann!*
Mein Freund«, spricht Petrus, *»nur herein;*
Noch wird bei eurer Frau ein Plätzchen ledig sein.«
»Was? meine Frau im Himmel? wie?
Klorinden habt ihr eingenommen?
Lebt wohl! habt Dank für eure Müh'!
Ich will schon sonstwo unterkommen.«

Ernst Kein
Wiener Grottenbahn

Da maraunibroda
gibd ma jedes joa
fias söwe göd
a marauni weniga

und i sich
in dog scho kuma
wora ma
a leas schdanizl
in di haund drukt

De darm
san in de katakombm
es heaz
is in da augustinakiachn
da keapa
in da kapuzinagruft

so haums di keisarin
marideresia fadeut
damid ma dreimoi
zoen muas
waumas seng wü

A foisch gebiis
in an wossaglasl
kaunsd
mid an goidfisch
ned fagleichen

Di daunau gibds
und hoche heisa
hauma mea wia gnua
an bam finst scho
in glanstn bak
de gas is aa ned
iwamesig deia

mid an wuat
bei uns schdeen da
olle meglichkeitn offn

Fria hosd
in wintamauntl gnuma
und hosd eam
ins pfandl drong

owa jezt schdeesd do
waunsd ka marii hosd
weu a auto
wos ned zoid is
nemans duatn ned

Waun i a dakl waa
oda a schefahund
ded i bei jedn auto
glei es haxl hem
weu de san
schlisli schuid
daas a aleebam
nochn aundan
umkaut wiad

In unsan besalbak
fian di rozzn
eanare kinda
genauso schbazian
wia mia unsare
und des gfoid ma
aun eana

Vinzenz Chiavacci
Der Herr von Adabei

Adabei in Venedig

Venedig, den 3. April 1888

Liaber Freund!
Daß i no leb', verdank' i nur den harten Eiern; denn bei der wällischen Kost wär'n m'r ans nach'n andern umg'standen. I kumm' mit an' Wolfshunger an, stürz' natürli glei ins Speis'zimmer und sag', sö soll'n m'r nur bringen, was s' hab'n. »Tutto, tutto« haßt's auf wällisch. Alsdann bringen s' m'r an' Kachel Suppen daher, daß der große Christoph a Sitzbad' drinn nehma kunnt. I kost's, mei Alte kost s' a; i schau mei Alte an, mei Alte schaut mi' an; a G'sicht hat's g'schnitten, daß i s' gar nimmer kennt hab'; sie hat in a ganz andere Familie einig'schaut mit den G'sicht. Denk d'r, a haß' Wasser, mit an' grawlerten Mehlpapp! Na, sag' i, dös is niente. Niente haßt nämlich nix. Kummt der Kerl mit aner andern Schüssel; i hab' glaubt, mi trifft der Schlag: Backene Adaxeln, Spinnerinnen und Schneiderfischeln, alles durcheinander auf an' Haufen; dös Ganze hat nach Petroleum g'stunken; frittura mista, sagt der Bandit und macht a Fleansch'n bis zu dö Ohr'n hintere. »Daß dös a Mist is, dös siech i eh«, sag i und stell' dö Schüssel g'schwind untern Tisch, daß uns net no was passiert. Drauf sag' i zu meiner Alten, waßt was, sag i, ländlich, sittlich, mir b'stell'n uns was s' net mit eahnerer Kocherei verderb'n kinna. Dö Austern soll'n soviel guat sein,

hör' i; dös san Muscheln, dö man essen kann. Vielleicht find'n m'r an Hals voll Perl'n drinn.

Sö, Tschowani, sag' i, Tschowani haßt nämlich Schan, bringen S' mir a Dutzend Austriachi, aber guat abg'leg'n müassen s' sein. Richti' bringt er auf an Teller zwölf Muscheln daher. Na, denk' i m'r, dös schlitzige Zeug hätten s' a früher außanehma können; aber mit'n Herrichten wissen s' halt net umz'geh'n. I schmeiß alsdann das schlitzige Zeug auf an' andern Teller, wasch dö Muscheln guat ab und beiß halt eini; na, du waßt ja, daß i Zähnd hab', mit dö man Pflasterstana aufbeißen kann, aber dö Muscheln hätt' i net abi bracht, mei' Alte schon gar net mit ihr'n Bergmannischen Gebiß. Wie i mi so abiplag', kummt der Kellner, deut' auf dös schlitzige Zeug', was i wegg'schmissen hab' und sagt: molto buono. »G'hört schon Ihna«, sag' i. Der lacht, was er nur kann und fangt richti an, dös Zeug aufz'essen. Richti hab'n m'r an den Tag nix g'essen als anderhalb Kilo Kas' und dreißig Pomeranschen.

Dö Stadt is das Merkwürdigste, was i in mein' Leb'n g'seg'n hab'. Denk dir, in jeder Gassen a stinkete Wean, wo dö Leut' 's ganze Jahr dö Eierschal'n, Salatplätschen und in Mist einileer'n; dö Häuser verwahrlost, daß dö Ziaglstana überall füragucken, dö Fensterläden net amal ang'strichen. Überall hängt dö Wäsch heraust und auf'n Wasser fahr'n dö Schinakeln mit narrische Engländer 'rum, dö sie vor lauter Entzücken dö Aug'n auskegeln. Kunt' sein, daß 's m'r a g'fall'n thät; aber du waßt, wann i net guat g'essen hab', so g'fallt mir gar nix. Der Markusplatz is eigentlich nix als a großer Taubenkobel. Dö Taub'n san dö Herr'n; dö Leut' san nur geduldet. Nachmittag kummen s' alle auf dem Platz z'samm', weil ma do net in ganzen Tag Schinakel fahr'n kann. Da stellt sich in der Mitt'n a italienische Banda auf und macht a Musi, von der unser Tschokerl 's Hinfallete kriaget. Zwischen dö Laub'n san Tisch'ln aufg'stellt, wo ma an' Schwarz'n kriagt oder a G'frorn's; da hab i mi a hing'setzt, hab' dö Füaß dona g'streckt und hab' mir halt dö Leut ang'schaut. Auf amal krabbelt aner an meine Füaß herum, dö i unter'n Vorhang außig'streckt hab', i heb' in Vorhang in d'Höch und siech, wia ma aner ganz unscheniert dö Stiefeln putzt. I hab' mi no net von mein' Schrocken erholt, steckt mir an and're schon a Blumen ins Knopfloch und a klaner venetianischer Strizzi nimmt m'r mei' Cigarristumpferl aus der Hand und raucht's weiter.

Dö Kirchen soll'n soviel schön sein; aber du waßt, i geh' daham selten in d'Kirchen, weil ma z'Haus' a beten kann; alsdann wir i net in der Fremd' an' Ausnahm' machen. Weil mi aber meine Weiber soviel 'penzt hab'n, so bin i in Gott's Nam' in dö Markuskirchen einigang'n. G'steckt voll war's drinn; es muaß g'rad' a Hochamt oder so was g'wesen sein: dö Musi wer' i aber mei' Lebta net vergessen. Zuerscht hab'n s' fidele Liadln g'spielt, gegen dö der alte Drahrer a reiner Trauermarsch is, und z'letzt san s' in an' Galopp übergang'n, daß i mei Madel mit aller G'walt hab' z'ruckhalten müassen, damit s' mir net zum Tanzen anfangt. Damit hab' i schon gnua g'habt. Sunst bin i nirgends einigang'n. Der Dogenpalast schaut si von auswendig recht schön an, is aber total verwahrlost; in den ganzen Gebäu is net an anziges Wirtshaus! A Menge alter Bilder soll'n drinn sein. Wia i schon auf sowas fliag! Wann i Bildln seg'n wollt', ging' i daham in dö Balvidergalerie. Dös war' do a Schand, wann i m'r dö Bildln in Dogenpalast anschauet, bivor i in der Balvidergalerie g'wesen bin.

Gestern bin i auf an' Dampfschiff am Lido g'fahr'n; dös is an' Insel, wo der Robinson Crusoe sei' Freud' damit hab'n könnt'; aber unserans net. 's Meer schaut sie net schlecht an, an' Endstrum Lak'n; aber 's is halt do immer dasselbe. Hernach bring i a den ekelhaften Gedanken net aus'n Kopf, daß dös lauter Wasser is. Na, na Freunderl, für uns is das nix. Dö Strapazen, dös Hungerleiden, dös Umastößenlassen wegen nix und wieder nix. Wann i nur schon wieder bei der »Rosen« war'. Hoffentlich derleb' i 's no, wann i net bis dorthin verdurst. Alsdann leb' wohl, liaber Freund, dös andere wir' i dir alles mündli ausdeutschen bei der »Rosen«. Es grüßt dich herzlich dein Thomas. –

Nachschrift: Triumph! A Bier! I schlenz' ganz verzweifelt durch dö engen Gassen, da les' i auf amal: Bierhalle und Restauration von Bauer und Grünwald. Freunderl, wia mir da war! Mir san anander um'n Hals g'fall'n und hab'n g'want vor Freud'. Jetzt waß i, wia den Kolumbus g'wesen sein muaß. Freunderl, dös Venedig is do a großartige Stadt! I halt schon bein' elften Krügel! An Öl sag i d'r, an Öl! Ewig dein Thomas.

Adabei in Marienbad

»Lieber Sebastian! Kannst di' auf den Wällischen erinnern, der vor a paar Jahr'n in dö Wirtshäuser umagangen is und aus an' Bogen Papier dö merkwürdigsten Sachen g'macht hat? Jetzt war's a Fächer, nachdem a Tschako, dann wieder a Segelschiff, bald a Sessel, bald a

Papierscher', jetzt a Brieftaschen und glei drauf a Paraplui. Na alsdann: akrat so kumm' i m'r vor, wie der Bogen Papier, seitdem mi dö Doktors in der Arbeit hab'n. I glaub, wann heut der alte Steffel renoviert werd'n soll, so is dös no ka so an' Arbeit, als dö Bader mit mir dö sechs Wochen g'habt hab'n. Zuerscht hat müassen der alte Schotter in Karlsbad aus'putzt werd'n. Was i da alles abig'schwabt hab'! Z'erscht drei Gläser Marktbrunn', hernach zwa Gläser Felsenquelle, nachdem erst in Sprudel. Herentgeg'n a Hitz hab i in mir g'habt und rabiat war i in ganzen Tag, daß i dö Barrierestöck am Weg' abg'watschent hab'. Endli hat m'r der Doktor g'sagt: Na, den Schotter hätt'n m'r jetzt außibracht; aber jetzt haßt's dazuaschaun, daß ma den Speck wegbringen. Da nutzt ka Wana. Sö müassen auf vier Wochen nach Marienbad. Kannst d'r denken, Sebastian, wie i auf sowas fliag. Marienbad! Waßt, was dös haßt? Ka Bier haßt dös! A a'g'schleckte Kost ohne Pfeffer und Salz, nix Saures, kan' Salat, kane Erdäpfeln. Was bleibt denn nachdem von an' Menschen übrig? Da war ja der Johannes in der Wüste der reine Prasser dagegen. Der hat wenigstens seine Heuschrecken in Essig und Öl essen dürfen. G'fluacht hab' i wie a Rohrspatz, in Doktor hab' i verwunschen: Staner soll'n ihm wachsen im Bauch, so groß wie die Schusterlabln. Schließli und endli hab' i mi do entschlossen. Früher bin i aber no zun Pupp in dö Restauration gang'n und hab' mein' Mag'n traktiert, als wenn er a Firmgodl war'. Was willst denn Thomas, hab i mi g'fragt: Genier di net! Willst a Anterl mit an' Gurkensalaterl, oder a Spanfadi mit Speckkraut? Trink' nur soviel Pilsnerl als d'r schmeckt; 's is eh' zum letztenmal. Drauf bin i zu der Wag' auf der alten Wiesen und hab' mi wäg'n lassen. In Huat und 's

Paraplui hab' i natürli wegg'legt. Wie i auffisteig'n will, fallt m'r ein, daß i in Hausthorschlüss'l mithab'; weg'n was soll m'r denn der Hausthorschlüss'l als Bauch ang'rechnet werd'n, denk i m'r, und leg'n zu dö andern Sachen. Dö Kupferkreuzer hab i a außer 'than und 's Federmesserl und dö Bieruhr. Hat no immer 115 Kilo ausg'macht. I hab' aber den Wagmaster so lang bettelt, bis er m'r für die Stiefeln und für d'Hosentrager zehn Kilo abg'schrieb'n hat. Alsdann 105 Kilo. Wann er m'r für'n Rock und für d'Hosen no fünf Kilo abg'schrieb'n hätt, so war' i gar net nach Marienbad 'gang'n. Aber dö Leut' hab'n ja ka Herz.

Alsdann renn' i d'r schon seit drei Wochen in Marienbad umaranander. A schöner Fleck Erd'n, sag i d'r, mit dö schönsten Wirtshäuser und dö schönsten Wälder. Aber was hab i von dö Wirtshäuser, wann i nix trinken därf; und dö Schönheit der Wälder kann m'r a g'stohl'n werd'n, wann i alle Tag' drei Stunden drinn' umarananderhatschen soll. Glei wie i 'kumma bin, hat m'r der Doktor g'sagt: »Herr Adabei«, hat er g'sagt, »es war d'höchste Zeit, daß S' 'kumma san. Wann S' net pünktli alles befolg'n, was i Ihna sag', so steh' i für nix guat. In der Fruah um sechs Uhr müassen S' beim Kreuzbrunn' sein. Ka Fruahstuck, ka gar Nix. Vier Gläser Kreuzbrunn' trinken, hernach drei Stund' bergsteig'n; dann mein'tsweg'n a Glasl Kaffee und a Milchbrot. Nachdem wieder drei Stund' kraxeln. Z'Mittag ka Suppen, ka Wein, ka Bier, ka gar Nix – nur a Beefsteak und a bisserl a Kompot. Der Bauch wird net guatwilli weggeh'n. Den werd'n m'r massakrier'n müassen. Lassen S' Ihnern alle Tag' von an' g'schickten Massakrierer bearbeiten. Aber von rechts nach links. Am liebsten wär's m'r, wann S' gar ka Bier trinken. Wann's aber net anderscht geht, höchstens an' Stutzen nach'n Nachtmahl.« – Wie i mi schon schrecken lass'! Wann er sagt: Drei Stund' spazier'n gehn, so mant er eh' nur zwa Stund'; weil i aber dö exaltierten Sachen net leiden kann, so wird's a' Stund' a thun. Um Sechse aufsteh'n! Na ja, wann aner zwa Stund' zu'n Anziag'n braucht, so muaß er um Sechse aufsteh'n. I bin aber in zehn Minuten firti mit'n Anziag'n, ergo brauch' i erst um Achte aufsteh'n. Das erste war, daß i m'r auf der Promenad' an' Stutzen 'kauft hab'. Stutzen is Stutzen, hab' i m'r denkt, und hab' 'n größten g'numma, der am Lager war.

Am ersten Tag war i wirkli schon um Siebene bein Kreuzbrunn'. Zuerscht hab' i g'laubt, es kummt der Mariazeller Einzug, wie i den Zug von tausend Menschen g'seg'n hab'. Mit jeden Schritt, den i näher 'kumma bin, is m'r leichter ums Herz word'n. Thomas, da schau her, hab' i zu mir selber g'sagt, was kränkst du di denn? Neb'n dera Dick'n bist ja du der reine Magistrats-Diurnist. I hab' 'glaubt, 's fleischerne Zeitalter is an'brochen. Wer da kane hundert Kilo hat, der kummt si wia a Windhund vor. In Marienbad siecht m'r 's wieder genau, daß eigentli dö Frauen 's starke Geschlecht san. Da kummt ani daherg'watschelt, dera ihr Nas'n steckt so tiaf in der Fett'n drinn, daß sa s' mit'n Stoppelzieher fürafang'n muaß, wann sa si schneutzen will. A andere is so dick, daß s' sogar in Goder in der Schlinga trag'n muaß, und so geht's furt in dera Dick'n. Denk' d'r, Sebastian, was das für di, als Kirzenziacher, für a G'schäft war', wann du dö Marienbader Kernfetten abschöpfen dürftest. Is eh' merkwürdig, daß no kaner drauf 'kumma is, aus der Fett'n a Kunstbutter z'machen. Dö wenigen Magern, dö's in Marienbad giebt, werd'n über d'Achsel ang'schaut und behandelt, als ob s' Krüppeln wär'n. Übrigens hat man bei dö magern Töchter von dö fett'n Müatter, wann ma ani heirat', wenigstens den Trost, daß aus der schöneren »Hälfte« mit der Zeit wenigstens a »Zwadrittel« wird.

I hab' net' glaubt, daß i den ersten Tag überleb'. Zunerscht richt' i mit dem Kreuzbrunn' in mein Mag'n a Überschwemmung an, hernach muaß i im Wald auf dö Terpentinweg' umrenna, daß mei G'sicht z'runna is, wie 's Fenster von aner Waschkuchl. Dö G'schicht geht immer so in drahdiwaberl aufwärts und nimmt niemals ka End'. Überall hört ma im Wald seufzen und stöhnen, und schnauf'n und pfnaus'n, daß ma glaubt, dö armen Seel'n in Feg'feuer braseln z'hör'n. Wann ma so siecht, mit welcher Müh' und Qual a jeder sei' Schmalztösen äußerln führt und alle fünf Schritt steh'n bleibt und greift, ob s' no net klaner wurd'n is, so waß ma net, soll ma wana oder lachen. Aber mit der Zeit g'wöhnt ma si an das Ölend, wann ma siecht, daß 's den andern a net besser geht. Alle hundert Schritt steht a schön's Lusthäuserl in Wald – zun Ausrasten.

I hab' glei auf'n ersten Spaziergang a Menge Bekanntschaften g'macht. Der berühmte Klavierspieler Alfred Grünfeld und der Sänger Rothmühl haben mir erst dö Schönheiten von den Wald aufg'schlossen. Sö hab'n nämli a Pack'l Tarockkarten aussazog'n und mi unter dem Siegel der Verschwiegenheit zum Mitverschworenen g'macht. Sebastian! Da siecht ma erst, was dö Natur für Reize hat. Mitten unter dö grean' Bam', wann dö Vögerln singen und dö Wipferln rauschen, an' Pagat Ultimo ansag'n und g'winnen mit neun Tarock, Sküs, Mond, Zwanz'g'r und drei König! – wem fallt da net das schöne Liad ein: »Der liebe Gott geht durch den Wald«. Zwa Stunden vergengan a'm wie nix. 's erschtemal bin i freili derschrocken, wie i auf d'Uhr schau und hab' g'sagt: »Entschuldigen, meine Herr'n, i muaß mi jetzt massakrier'n lass'n.« »Aber gengan S', Herr Adabei«, sagt drauf der Alfred Grünfeld, »was brauchen S' denn da erst zu an' Massakreur z'gehn, das mach ich Ihnen viel besser.« Und richti fang er an a Rhapsodi von Liszt z'spiel'n, von rechts nach links natürli; du, was dir der für an' kräftigen Anschlag hat!

Wie i in letzten Juden ein'zog'n hab', war's g'rad' Zeit, zum Essen z'geh'n; mir san schnell g'rennt, damit m'r a bissel erhitzt ausschau'n, wann ma zu unsere Bekannten nach Bellevue abikummen. Dö hab'n si nöt gnua derkreuzinga kinna, daß mir vier Stund' auf dö Berg' umakraxelt san. Mit'n Essen war's halt a G'frett; der Kellner, der Ruach, hat m'r richti ka Bier geb'n. An' Kalbsbraten mit Pflaumen; denk' d'r Pflaumen haßt's und 'dürrte Zwetschken san's. Von so was soll a Adabei satt werd'n.

Nach'n Essen geh' i zufällig bei der Kuchl vorbei und siech, wie do d' Köchin g'rad' a Gansl schoppt. Dös hat m'r mei Gall' aufg'riegelt. Is dös eppa a Recht von der Vorsehung, hab' i g'sagt, so a unvernünftig's G'schöpf, dös net amal dö Gottesgab' z'schätzen waß, wird g'hätschelt und g'füattert, und der Mensch, das edelste Geschöpf, muaß an' Kalbsbraten mit Pflaumen essen! Ja, Sebastian, da wird ma a Philosoph, ma mag woll'n oder net, wann ma so a narrische Weltordnung siecht.

Zum Glück hab' i den Schwindel nur in ersten Tag mitg'macht; denn später hab'n mi meine neuchen Freund' in a Weinstüberl g'führt, wo man all's kriagt hat, was Gott erlaubt und der Doktor verboten hat.

Na, und so hab' i halt mei Zeit glückli überstand'n. I

wäg' zwar jetzt 116 Kilo; aber dö Wirkung soll si erst später einstell'n, hab' i g'hört.

Gestern war der Abschied; der schöne Alfred hat z'erscht an' Trauermarsch g'spielt; hernach hat er aber losg'legt, daß uns all'n dö Thränen 'kummen san. I bin eahm um'n Hals g'falln und hab' g'sagt: Alfred, Ihna Spiel gleicht alle Gegensätze aus. Spiel'n S' an' Adagio; i bin mit mein' Bauch versöhnt. I tröst mi damit, daß von unsere Bekannten kaner abg'nommen hat, als der – Mond. »Recht hab'n S'«, hat der Tenorist Rothmühl g'sagt, »wer wird sich denn kränken, weg'n ein paar Kilo.« Drauf fangt er an, mit aner zuckersüaßen Stimm', daß mei Herz wach word'n is, wie a Birn', dö seit drei Wochen in Stroh liegt:

»Behüt' dich Gott, es wär zu schön gewesen,
Behüt' dich Gott, es hat nicht sollen sein.«

Auf d'Wochen komm i. Grüß' alle Bekannten von deinem Adabei.

Adabei in Karlsbad

In der Stammkneipe zum »Blauen Fuchs« machte gestern ein Brief des Herrn Thomas Adabei die Runde, welcher bei den »Spezis« des genannten Herrn eine nachhaltige Wirkung ausübte. Herr Sebastian Heinfelder, ein Freund unseres Blattes, an den der Brief gerichtet war, stellt uns denselben zur Verfügung. Er lautet:

»Lieber Sebastian! Gelt, dös hätt'st d'r a net denkt, wia mir als klane Buab'n im Stadtgrab'n Grill'n auskitzelt und Mäus' g'fangt hab'n, daß dem Thomas in seine alte Täg' Staner im Bauch wachs'n werd'n? I a net! Du waßt, was i schon seit aniger Zeit an der Kolik z' leid'n g'habt hab'. I hab' immer 'glaubt, 's junge Bier is schuld d'ran. Was hab' i den armen Schani weg'n dem beutelt, weil i 'glaubt hab', er mischt m'r an' Hans'l eini. Unrecht hab' i eahm 'than. Gieb eahm a Sechserl, liaber Sebastian, und sag' er soll si nix draus machen. Wia's nimmer zum Aushalten war, sagt mei Weib zu mir: »Du, Thomas«, sagt s', »dö G'schicht fangt an entrisch z'werd'n. I gienget do zun'r an' Bader, bevor's z'spat wird. Am g'scheitesten is, du gehst zum Atzler, der is zwar kotzengrob, aber er sagt a'm wenigstens dö Wahrheit.«

»Hast recht, i geh' zun Atzler«, sag' i; »dös is m'r grad recht, wann er kotzengrob is, da red' i mi besser mit eahm.« I geh' alsdann zun Atzler.

Glei bein Eintreten schreit er mi an: »Aha, da kummt schon wieder so a Biertimpel, so a zwozlerts Depot aus'n bürgerlichen Brauhaus. Na, machen S' nur glei in andern Flügel a auf, sunst kummen S' ja net einer bei der Thür.« – »Na, fressen S' mi nur net«, sag' i d'rauf, damit i mir nix vergieb. »Wenn i no bei an' Flügel einakunnt', so säheten S' mi eh' net. Is dös a Behandlung für an' Kranken? Wie neuli mei Budaschl krank war, bin i mit eahm zun Schinter 'ganga; dös is a andere Behandlung; von den kinnten S' lerna, wia sich a wahrer Schentelmann benimmt.«

»Alsdann, lass'n m'r dö Förmlichkeiten«, sagt der Atzler, wie er siecht, daß er m'r net aufkummt. »Wo fehlt's denn?«

Drauf derzähl' i eahm haarklan meine Zuaständ'. »Dö Kolik, dö verdammte Kolik! – mitten in der Nacht packt's mi an, daß i man', i bin in aner Wurstmaschin'; i drah' mi und wend' mi, a Regenwurm is a Haslinger geg'n meiner – Herr von Atzler, dös därf net so fort geh'n, da muaß dö Wissenschaft was wissen, sonst is dös bei mir ka Wissenschaft.«

Schaut der Atzler auf mein' Bauch und lacht. »Hab'n S' no nia was von an Kesselstan g'hört«, sagt er m'r alsdann, »wann ma in a Faßl Jahr aus Jahr ein Wein und Bier einischütt' und 's Faßl nia ausputzt, so setzt si der Kesselstan an. Dasselbige is bei Ihna. Sö hab'n in Kesselstan in der Gall und in der Leber. G'schwind nach Karlsbad, sunst treibt der Stan dö Raf' ausanand'. Fleißi' Sprudl trinken' so haß als S' 'hn derleiden können. Da lösen si dö Staner auf, wia a Zucker in der haßen Limonad'. Aber glei furtfahr'n, sunst haßt's: ›Heilige Maria, Mutter Gottes, Absterbens Amen.‹«

Kannst d'r denken, Sebastian, wia i g'rennt bin, daß dö Staner in mir g'scheppert hab'n, als wia dö Marbsen-Kugeln. I lös' m'r glei a Schlafcoupée für 'n »Slipinkerl«, wia ma den Schlafwaggon auf englisch haßt, damit dö Staner net z' viel durchananander beutelt werd'n. A großartige Einrichtung, so a »Slipinkerl«. A jeder Passaschehr hat da sein Kammerl mit an' guaten Betterl und an' Tisch und an' Spiegel; sogar a Stiefelknecht is da. I hab' 'glaubt, i bin in Himmel! Dö Lampen hab' i verhängt – da därf ma nur an an' Schnürl' ziag'n; vorn Fenster war a Vorhangl; dös Bett hat si nur so g'hutscht, wia i einig'stiegn bin. In Klosterneuburg hab' i schon g'schlafen. Ah, war dös guat; wann i nur dran denk, mach' i schon klane Guckerln. I hab' mi mit dö Engerln g'spielt, bis der Herr »Slipinkerl« bei der Thür' anklopft hat: »Bitte, in einer halben Stunde sind wir in Karlsbad.« I hab' 'glaubt, mei Alte red't auf mi und sag': »Laß mi schlafen, mir hat g'rad' sowas Schönes 'tramt. I war jetzt g'rad' mit der Maria Stuart beim Ronacher.«

Endli hab' i mi do erinnert, wo i bin, und bin schnell in mei Kluft einig'schlof'n. »Auf dö alte Wiesen« hab' i in Kutscher g'sagt, und hab' m'r denkt, no, dös wird sowas am entern End' von der Stadt sein, wia dö Siebenbrunnerwies'n bei uns. Da wird's so alte Einkehrwirtshäuser geb'n, wo dö Kutscher eahnere Pferd' einstell'n. Was kann denn dös kosten? I hab' 'glaubt, mi trifft der Schlag, wie i beim »grünen Schiff« an'kumma bin. Wia i dö Noblität und dö Öliganz g'seg'n hab', hat's m'r glei a Watschen 'geb'n. Da kann aner halt ja seine Staner anbringen, hab' i m'r denkt, und hab' a Zimmer im dritten Stock verlangt, »weil m'rs der Doktor ang'raten hat«, hab' i g'sagt. A Schönheit is d'r dös Karlsbad, da machst d'r kan' Begriff. Rundumadum grüne Berg' mit Fichtenwald und lustige Bacherln; dö Fölsen wachsen überall in dö Häuser eini und in dö Gassen, und dö Stadt geht selber immer thalauf, thala', und a Leb'n und a Treib'n in dö Straßen, da is unser Ringstraß'n a Spitzbua dageg'n. Wie i zum Mühlbrunn' kumm', siech i a paar Tausend Menschen in feierlicher Prozession hintereinander hatschen; a jeder hat a Glasl in der Hand, als ob s' g'rad' in Lobmeyer 'plündert hätten. Du, Sebastian, da siecht ma G'sichter! Gott sei g'sund, so krank bin i no net. Da haßt's immer: Der Tod macht alle Menschen gleich. Wann ma nach Karlsbad kummt, siecht ma, daß schon dö Krankheit dasselbige z'weg'n bringt.

Da geht a alter General, steif wie a Sieg'llackstang'l und gelb wie a Schwefelblüah und wart' ruhig, bis vor ihm der polnische Jud' mit'n Kaftan und dö Peikes sein

Glasl ang'füllt hat. Glei hinter ihm kummt dö dicke Fleischhackerin von Strozzi-Grund; sie schnattert in an' furt mit der alten Lampenfabrik, i waß net, wia er haßt; der schöne Robert von der Borch geht wia a g'fangener König in Paradeschritt hintendrein, und a alte Jungfer mit aner Haut als wia mein brauner Koffer, auf dem dö vielen Hotelzetteln picken, trippelt ganz verliabt nachi. Und wia da Robert sei Glasl ang'füllt hat, lahnt er si an a Säul'n und macht nach jeden Schluck a G'sicht wia der Ferdinand in »Kabale und Liebe«: »Aber dei Lemanad' is schon verflucht matt, Lowise!« Hernachender kummt der Sonnenthal, trinkt sei Glasl, schlagt dö Aug'n geg'n Himmel und sagt: »Mbah!« Recht hat er; warum soll er net »Mbah« sag'n, wann's ihm guat thuat! Hinter dem kummt a reicher Bankier, der so miselsüchti drein schaut, daß ma eahm an' Kreuzer schenken möcht'; hernach kummt a Künstler auf der Violin', der a Darmkitarrh hat, dö 'hn ganz verstimmt.

Bei der Fölsenquell'n hab i glaubt, i bin vor dö Mauern von Jerusalem; da san wenigstens tausend »Pfarrer von Salzgrias« im Kaftan g'stand'n; a jeder hat a G'sicht g'macht, als wia zwa Jeremias; sö hab'n aber allen Grund dazua. Und erst beim Sprudel! Dös Gedräng' und der Durchanand! Da spritzt dir das Wasser armdick außa, dampfend und rauchend, als wia aus aner Waschkuchel. Dös is mei Fall, hab' i m'r denkt, und hab' g'sagt: Sö, Quellenjungfer, geb'n S' m'r a a dreizehntel Liter, aber ohne Hansl. Saperment, saperment, hat dös a Hitz g'habt; i hab' rein g'mant, es brennt m'rs Zapfel a'; aber guat war's! I hab' urdentli g'spürt, wia dö Staner locker werd'n. Jetzt is schon alles ans, hab' i m'r denkt; geb'n S' m'r no a Glasl – dö G'schicht kost' nämli nix – drunt war's. Büh! Wia a'm da wird! Dö Wallungen; wie a jung's Maderl. Büh! Saperlot, da is ja a ganze Revolution ausbrochen. Wia m'r da auf amal wurlert wurd'n is, da machst d'r kan' Begriff. Na, i bin g'rennt!

So treibt' i's jetzt schon vierzehn Täg'; wann ma soviel Tausend siecht, dö's a net besser hab'n, so thuat ma si ganz leicht, du därfst d'r aber net vorstell'n, daß mir in den Sprudel nur so g'sotten und 'braten werd'n, wia in an' Wurschtkessel – ah, konträr im Gegenteil. Wann ma seine vier Glasln 'trunk'n und seine zwa Staner ausg'spuckt hat, hernach kann ma in verfluchten Kerl spiel'n. Du, da siecht ma Leut'! I hab' m'r ehnder immer ein'bild't, daß dös Leut' san, was ma auf der Ringstraß'n siecht. Dös san ja kane Leut'; dös san gewöhnliche Menschen.

Aber in Karlsbad bein Pupp – dös is a Restauration, so groß wia der Schmelzer Exerzierplatz, wo dö Kellner so nobel wia dö Burggendarm san – da kann ma Leut' seg'n: Amerikaner und Indianer, Mexikaner und Börsianer, Holländer und Wollhändler, polnische Grafen und Juden, a pechschwarzer Mohr und a gelbzipferter Japaneser, a steifer Lord und a fade Lady, alles durchanand. Zun Fruahstuck nimmt ma si auf der alten Wiesen bein Bäcken a Karlsbader Bacht mit; da geht's grad so zua, wia beim Sprudel. I hab' mi natürli in ersten Tag mit dö »Potocky« und »Kladderadatsch« und »Sträußlkuchen« und »Radetzky« anpampft, daß i in der Nacht hab' in Doktor hol'n müassen.

In Posthof wird g'wöhnli g'fruahstuckt. Dös Kaffeederl! Da thät mei Alte schau'n. Wann man nachdem an der Tepl bis zu der Eintrachtswiesen und zun Kaiserpark geht, immer zwischen Berg und Wald, und hernach auf'n Faullenzerweg, wo man dö schönste Aussicht und in herrlichsten Fichtenwald hat, z'ruckgeht, da fühlt ma si mit jeden Schritt g'sünder. Sollt ma dös glaub'n, daß dö ganze Herrlichkeit auf'n Teufel sein Badwandl steht, und daß ma net sicher is, daß ma amal bein Pupp 's Mittagmahl nimmt und bein Teufel seiner Großmuatter in schwarzen Kaffee! Denn da unten brodelt's und kocht's in an' furt, und daß der Teufel net umasunst in Sprudel sitzt, dös is g'wiß. Aber mi wird's scho no aushalten. – Jetzt muaß i aber zun Sprudel. Leb' wohl, lieber Sebastian. Viele Grüße an den Stammtisch. Dein Thomas Adabei.

Wilhelm Busch
Gedichte

Die erste alte Tante sprach:
»Wir müssen nun auch dran denken,
Was wir zu ihrem Namenstag
Dem guten Sophiechen schenken.«

Drauf sprach die zweite Tante kühn:
»Ich schlage vor, wir entscheiden
Uns für ein Kleid in Erbsengrün,
Das mag Sophiechen nicht leiden.«

Der dritten Tante war das recht:
»Ja«, sprach sie, »mit gelben Ranken!
Ich weiß, sie ärgert sich nicht schlecht
Und muß sich auch noch bedanken.«

Es flog einmal ein muntres Fliegel
Zu einem vollen Honigtiegel.
Da tunkt es mit Zufriedenheit
Den Rüssel in die Süßigkeit.
Nachdem es dann genug geschleckt,
Hat es die Flüglein ausgereckt
Und möchte sich nach oben schwingen.
Allein das Bein im Honigseim
Sitzt fest als wie in Vogelleim.
Nun fängt das Fliegel an zu singen:

»Ach, lieber Himmel, mach mich frei
Aus dieser süßen Sklaverei!«
Ein Freund von mir, der dieses sah,
Der seufzte tief und rief: »Jaja!«

Gestern war in meiner Mütze
Mir mal wieder was nicht recht;
Die Natur schien mir nichts nütze
Und der Mensch erbärmlich schlecht.
Meine Ehgemahlin hab' ich
Ganz gehörig angeblärrt,
Drauf aus purem Zorn begab ich
Mich ins Symphoniekonzert.
Doch auch dies war nicht so labend,
Wie ich eigentlich gedacht,
Weil man da den ganzen Abend
Wieder mal Musik gemacht.

Reue

Die Tugend will nicht immer passen.
Im ganzen läßt sie etwas kalt,
Und daß man eine unterlassen,
Vergißt man bald.

Doch schmerzlich denkt manch alter Knaster,
Der von vergangnen Zeiten träumt,
An die Gelegenheit zum Laster,
Die er versäumt.

Wer möchte diesen Erdenball
Noch fernerhin betreten,
Wenn wir Bewohner überall
Die Wahrheit sagen täten.

Ihr hießet uns, wir hießen euch
Spitzbuben und Halunken,
Wir sagten uns fatales Zeug,
Noch eh' wir uns betrunken.

Und überall im weiten Land
Als langbewährtes Mittel
Entsproßte aus der Menschenhand
Der treue Knotenknittel.

Da lob' ich mir die Höflichkeit,
Das zierliche Betrügen.
Du weißt Bescheid, ich weiß Bescheid;
Und allen macht's Vergnügen.

Er stellt sich vor sein Spiegelglas
Und arrangiert noch dies und das.
Er dreht hinaus des Bartes Spitzen,
Sieht zu, wie seine Ringe blitzen,
Probiert auch mal, wie sich das macht,
Wenn er so herzgewinnend lacht,
Übt seines Auges Zauberkraft,
Legt die Krawatte musterhaft,

Wirft einen süßen Scheideblick
Auf sein geliebtes Bild zurück,

Geht dann hinaus zur Promenade,
Umschwebt vom Dufte der Pomade,
Und ärgert sich, als wie ein Stint,
Daß andre Leute eitel sind.

Wirklich, er war unentbehrlich!
Überall, wo was geschah
Zu dem Wohle der Gemeinde,
Er war tätig, er war da.

Schützenfest, Kasinobälle,
Pferderennen, Preisgericht,
Liedertafel, Spritzenprobe,
Ohne ihn, da ging es nicht.

Ohne ihn war nichts zu machen,
Keine Stunde hatt' er frei.
Gestern, als sie ihn begruben,
War er richtig auch dabei.

Robert Neumann

Ich lasse mich nicht!

Nach Hedwig Courths-Mahler

791. Fortsetzung und Schluss

»... Winfriede aber ist mein eigenes Kind!« Sie hatte geendet und hielt den Brief in zitternden Händen.

Da trat Götz von Grafeneck vor sie hin. »Du bist ebenbürtig, Trotzkopf... du bist meine Braut!«

Sie aber: »So meinst du, daß ich nun Aufnahme finden darf in deinem Geschlecht, das, wie dir bekannt, zu den vornehmsten unseres Landes gehört?«

Da schloß er sie stumm in die Arme...

Schon im April wurde Winfriede Götzens Gattin. Sie erwählten Schloß Adlershorst zum Wohnsitz. So konnte die alte Gräfin ihre Kinder täglich besuchen.

Jettchen Wohlgemut brauchte sich nicht mehr um die blassen Wangen ihres Komteßchens zu ängstigen; Winfriede ward eine blühende junge Frau. »Ich lasse mich nicht«, war ihr stolzer Wahlspruch. Sie war inzwischen Mutter dreier Knaben und vierer Mädchen geworden, die fröhlich in Adlershorst umhertollten.

Dagobert von Schwarzburg aber heiratete die häßliche, bucklige Tochter eines reichen Käsehändlers und huldigte dem Dämon Alkohol.

Kory Towska

Gebet vor dem Balle

(nach Körner)

Mutter, ich rufe dich!
Tosend durchzuckt mir die fiebernden Sehnen
Schon die Erwartung des kommenden Schönen,
Mutter, das Mieder: ich rufe dich,
Mutter, du schnüre mich!

Mutter, du schnüre mich!
Schnür mich nur fest und sei es zu Tode,
Schlank will ich sein nach neuester Mode,
Schlank will ich sein, darum schnüre mich.
Mutter, du ziehst ja nicht!

Mutter, du ziehst ja nicht!
hast du die Kraft nicht, zu schnüren mich fester,
helfe dir denn meine jüngere Schwester,
Die heut mich beneidet. O neide mich,
Schwester, nur spute dich!

Schwester, o spute dich!
Wirst du nicht fertig allein mit dem Mieder,
Rufe herbei mir den Stärksten der Brüder,
Weh, es wird spät! Ich beschwöre dich,
Bruder, du rette mich!

Bruder, du rette mich!
Zieh' mit den jungen und kräftigen Armen,
habe nur jetzt nicht ein falsches Erbarmen,

Sonst ruf' ich den Vater! Du schnüre mich,
Vater, ich rufe Dich!

Vater, ich rufe dich!
O schnüre mich fest zur schlankesten Lilie!
Und es zieht und es zieht die ganze Familie.
Da plötzlich ein Krach, es zerreißt der Strick.
– Sie war zu dick!

Friedrich Schiller
Bittschrift

Untertänigstes Promemoria
an die Konsistorialrat Körnerische
weibliche Waschdeputation in Loschwitz
eingerreicht von einem niedergeschlagenen
Trauerspieldichter

Dumm ist mein Kopf und schwer wie Blei,
Die Tobaksdose ledig,
mein Magen leer – der Himmel sei
dem Trauerspiele gnädig.

Ich kratze mit dem Federkiel
auf den gewalkten Lumpen;
wer kann Empfindung und Gefühl
aus hohlem Herzen pumpen?

Feur soll ich gießen aufs Papier
mit angefrornem Finger? – –
O Phöbus, hassest du Geschmier,
so wärm auch deine Sänger.

Die Wäsche klatscht vor meiner Tür,
es scharrt die Küchenzofe –
und mich – mich ruft das Flügeltier
nach König Philipps Hofe.

Ich steige mutig auf das Roß;
in wenigen Sekunden
seh ich Madrid – am Königsschloß
hab ich es angebunden.

Ich eile durch die Galerie
und – siehe da! – belausche
die junge Fürstin Eboli
in süßem Liebesrausche.

Jetzt sinkt sie an des Prinzen Brust,
mit wonnevollem Schauer,
in ihren Augen Götterlust,
doch in den seinen Trauer.

Schon ruft das schöne Weib Triumph,
schon hör ich – Tod und Hölle!
Was hör ich? – einen nassen Strumpf
geworfen in die Welle.

Und weg ist Traum und Feerei,
Prinzessin, Gott befohlen!
Der Teufel soll die Dichterei
beim Hemderwaschen holen.

Gegeben
in unserm
jammervollen Lager
ohnweit dem Keller.

F. Schiller
Haus- und Wirtschafts-Dichter.

Robert Neumann

Der tolle Bomberg

Nach Josef Winckler

Wir Deutschen haben hier wieder ein großes humoristisches Volksbuch, in dessen Humorigkeit wir uns selber –

Frankfurter Zeitung

Wie das Freifräulein von der Trenck dem Baron offenbarte, daß es keine Hosen trug, als es mit dem Kopf im Acker stak.

– kaum unter ihre Serviette geneugiert und die tote Maus darunter gefunden, da ließ sie sich auch schon frauenzimmerlich erblassend in den großen Ohrensessel fallen, den der Baron ihr zuschob. Doch hatte sie ihren Allerwertesten mit der Sitzfläche noch nicht recht verheiratet, da erklang täuschend ähnlich jenes elementare tiefe Geräusch, dessen Ton in anständiger Gesellschaft nicht gehört werden soll, so daß die Ahnungslose, die noch immer nicht durchschaute, daß der Herr des Hauses sie schelmisierte und daß sie das Opfer des pupenden Sessels geworden war, mit purpurnem Erröten wegging – während der Baron schon rosig jovial abwinkte: »Sie sind wohl nicht aufs Töpfchen gegangen? Prost!« Und prostete ihr noch zu: »Pupille!«

So sehr saß ihm der Schalk im Nacken.

Aber jetzt war es genug, das Fräulein eilte hinaus und geriet auf dem Gang vis-à-vis zu einer gewissen kleinen Türe; und da das dumme Luder in seiner Verwirrung nun schon selber glaubte, es habe jenes sonore miserable Geräusch vorhin von sich gegeben, schlüpfte es schamflammend hinein. Sank auch nieder auf die mit blauem Samt gepolsterte Brille, doch da begann drinnen die Spieluhr mit trillernder Neckischkeit: »Es ist bestimmt in Gottes Rat, daß man vom Liebsten, was man hat, muß scheiden ...!«

Aber glaubte sie sich nunmehr geborgen, so hatte sie die Rechnung ohne den herzerquickenden Humor des Hausherrn gemacht! Der hatte inzwischen alle Gäste auf dem Gang vor der stillen Klause versammelt, schlagdonnerwetterte mit seinen raufboldigen Haudegenfäusten gegen die verriegelte Tür und schrie: »Macht auf, Fräulein! Kommt heraus, wie ihr seid! Das Haus brennt! – Da – nehmt das als Kabinettwisch!« Und reicht ihr durch das herzförmig ausgesägte Guckloch das Papier hinein, das er vorher in der Küche schmunzelbedachtsam mit Paprika und gemahlenen Pfefferkörnern bestreut hat!

Hoihotoho, lachte die Corona.

Und einer fragte: »Was haben wir Deutschen hier wieder?«

Antwortete einer und rüttelte an der Aborttür: »Wir Deutschen haben hier wieder ein großes humoristisches Volksbuch, in dessen Humorigkeit wir uns selber wieder finden!«

Rief der dritte: »Darauf wollen wir eins scheißen!«

Und so geschah's.

Aus dem Roman »Teutonen«

Nach Walter Bloem

Als Teuto an das Flußufer trat und die badenden Basen erblickte, glaubte er sich einen Atemzug lang von Ohdinns blaublinkenden Wunschmaiden umgaukelt. Doch dann erkannte er: Teutunginnen waren's, seiner Sippe gesippte. Aber wer war die Schlanke, die da unter den Nackten sich wandte, ihrer Nacktheit Geheimnis zu hüllen? Hiltipurch war's, mitnichten der Sippe der Teutungen entstammt. Sie trug keinen Schmuck, die Stolze.

»Heilo, Teuto der Teutung«, rief sie und trat auf ihn zu, mit hellen Händen schirmend die Scham vor der Schau. »Begehrst du zu baden?«

Trotzig wandte sich der Teutungensproß. Denn es war immer der Stolz der Teutonen gewesen, daß ihre Söhne und Töchter erst spät das Geschlecht in sich erwachen fühlten. Da aber war's eine Welsche, die warb.

»Weißt du, Teutos«, funkellächelte die Gleißende, »wie Ohdinns Storch uns die Kinder beschert?«

Der Teutung errötete. Denn es war immer der Stolz der Teutonen gewesen, daß ihre Söhne und Töchter erröteten. Trotzig sprach er: »Was kümmern mich Kinder? Was wallt dir, Welsche, das Wissen? Ohdinn schuf mich, heilo, und die Kunde kenügt mir. – Haleilo«, grimmtrotzte er und wandte sich waldwärts. Doch der Welschen wogte Brunst in der Brust. Sie gehrte des Grimmen. »Teuto«, eislachte sie hinter ihm drein, »dich zeugte nicht Ohdinn! Brünstig im Bette zeugte dich Techto, dein Tate!« Da taumelte der Teutung. Ihn, den Unberührten, hatte ein Weib wissend gemacht – eine wissende Welsche unterwühlte das Wirtsvolk.

An der Wurzel der Weltesche nagte der Wurm…

Franz Molnar
Georg und die Liebe

Die zwei Personen, die diesen Dialog führen, sind Georg und Andreas. Georg ist ein gesunder, rotwangiger kleiner Bursche, der diesmal in den Ferien zwischen der zweiten und dritten Gymnasialklasse pendelt. Andreas ist sein Kamerad, vielleicht ein Jahr jünger als Georg. Ort der Handlung: eine sonnige, heiße Berglehne, die gegen die Donau abfällt. Unten glitzert der Fluß im Sonnenschein. Andreas sitzt auf einem Stein und wartet auf Georg. Georg kommt von oben gerannt, und zwar so schnell, daß er an dem Stein vorüberschießt. Er stemmt seine Hacken gegen den Rasen, dreht sich im Laufen um, stolpert, wippt etliche Male und macht endlich unter allerhand Kapriolen halt. Dort, wo er stehen blieb, ist der Boden aufgewühlt und das wildwuchernde Gras zerstampft, als wenn eine Granate an dieser Stelle geplatzt wäre.

Georg. Wartest du schon lange?

Andreas. Schon sehr lange.

Georg. Mach' dir nichts draus, dafür werde ich dir etwas ganz Großartiges erzählen.

Andreas. Was denn?

Georg. Gleich sollst du's zu hören bekommen. Du wirst es mir gar nicht glauben wollen – du sagst ja immer, daß ich aufschneide. Diesmal schneid' ich aber wirklich nicht auf, alles ist wahr, was ich sage. Bei Gott, auf mein Ehrenwort!

Lange Pause.

GEORG. Na, bist du nicht neugierig?

ANDREAS (läßt sich bitten). Nun...

GEORG. Nein?

ANDREAS. Erzähl', wenn du willst.

Lange Pause.

GEORG. Ich hab' eine Geliebte.

ANDREAS. Schwindel!

GEORG. Auf mein heiliges Ehrenwort!

ANDREAS. Gib deine Hand darauf!

GEORG (tut es). Da!

ANDREAS. Wer ist's?

GEORG. Diskretion! Gib die Hand darauf, daß du es niemandem sagst!

ANDREAS (gibt ihm die Hand). Bei Gott! Auf mein Ehrenwort!

GEORG. Niemandem?

ANDREAS. Niemandem.

GEORG (nach längerem Zögern). Olga ist's.

Er scheint zu erwarten, daß die Welt zusammenstürzt. Aber nichts dergleichen geschieht. Die Donau rollt ruhig, wie bisher, unten am Fuße des Berges weiter. Die Sonne streut ihr Gold freigebig über das Gebirge.

ANDREAS. Was also? Du sagst, daß du eine Geliebte hast, und daß die Olga deine... deine Geliebte ist. Und beschworen hast du's auch.

GEORG. Natürlich hab' ich's beschworen. Eben jetzt hab' ich die Olga geküßt.

ANDREAS. Ujjeh!

GEORG (aufgeregt). Soll ich's erzählen?

ANDREAS. Ja.

GEORG. Aber gib deine Hand darauf!

Andreas gibt seine Hand darauf.

GEORG. Also ich will dir's erzählen, wie es gewesen ist. Du weißt, die Olga pflegt hier allein herumzulaufen, und ihre Hände sind immer schmutzig, weil sie immer vierblättrige Kleeblätter sucht und dabei betrügt, indem sie nämlich, wenn sie kein vierblättriges findet, ein dreiblättriges pflückt und daraus mit der Schere ein vierblättriges herstellt, weil sie aus einem Blatt zwei macht. Ich sagte zu ihr: Du Betrügerin, Schwindlerin, das bringt doch kein Glück! Glück bringt's nur dann, wenn es von selber vierblättrig ist, wenn du aber aus einem dreiblättrigen ein vierblättriges machst, wird dich der liebe Gott bestrafen, weil das ein Betrug ist, und das Glück wird gerade nicht kommen, weil das nicht so dumm ist wie du, verstehst du? Da sagte die Olga: Laß mich in Ruhe, sonst zeig' ich dich an, daß du mich immer stichelst, wo ich dir doch nichts getan habe. Geh zu deinen Buben spielen, laß die Mädchen in Ruhe und misch dich nicht zwischen sie. Dein Papa hat gestern vor dem ganzen Hause gesagt, wenn du mich noch einmal bei den Haaren ziehst, bekommst du so eine Ohrfeige, daß du in Ohnmacht fällst! Büffle dein Latein, du dummer Bengel, mir aber bleib zehn Schritt vom Leibe, verstanden? So hat sie zu mir geredet, und sie fing an zu heulen und legte sich lang auf die Erde.

ANDREAS. Hast du ihr nicht einen ordentlichen Tritt gegeben?

GEORG. Ich wollt's erst tun, aber ich traute mich nicht an sie heran, weil sie doch auf der Erde lag und mich mit beiden Füßen wiederstoßen konnte, wo ich doch wenigstens auf einem Fuß stehen mußte und nur einen zum Stoßen hatte. Hätt' ich mit beiden Füßen stoßen wollen, dann wär' ich einfach hingefallen –

und übrigens stößt man Frauen nicht, man ohrfeigt sie höchstens.

ANDREAS. Hast du sie geohrfeigt?

GEORG. Ich hab' erst gedacht: ich will sie ohrfeigen, aber sie hat ein so kleines Gesicht, daß ich mir sagte: wenn ich sie ohrfeige, so stirbt die Ärmste. Und doch verdiente sie es, weil ich ihr nichts getan habe und nicht dulde, daß sie mir mit meinem Papa droht. Mein Papa mag mich hauen, wann er will, dagegen sag' ich nichts, aber Fremde sollen ihn nicht aufhetzen, weil ich dann in solche Wut gerate, daß ich zu allem fähig bin. Aufwiegeln laß' ich meinen Papa auf keinen Fall.

ANDREAS. Und was geschah dann?

GEORG. Dann bin ich zu ihr hingegangen und sagte: Du dummes Ding, was heulst du denn? Ich hab' dich doch gar nicht geschlagen, und du brüllst hier... Wenn jemand kommt und dich da sieht, wird er meinen, ich habe dir was getan, davon werde ich nur Unannehmlichkeiten haben. Brüll' nicht, steh auf und wisch' dir die Augen ab, sonst kommt deine Mutter und verklatscht mich bei meinem Papa. Meinen Papa aber laß' ich nicht aufhetzen.

ANDREAS. Ist sie aufgestanden?

GEORG. Ja, aber sie hat kein Taschentuch gehabt und hat ihre Augen nicht abwischen können, und da ist sie mit den Händen in ihr Gesicht gefahren und hat sich die Augen gerieben, daß ihr Gesicht von der Erde an ihren Händen ganz schmutzig wurde und sie ein so kleines Gesicht hatte, daß sie einem leidtat.

ANDREAS. Und dann?

GEORG. Dann hat sie mich so komisch angeschaut. Ich sage zu ihr: Schau' nicht so, dumme Gans! Sie ist so drollig gewesen, weißt du, und hat so... so in mich geschaut, und hat noch immer geheult, und die Tränen sind in den Schmutz auf ihrem Gesicht hinuntergeronnen, und ich hab' lachen müssen, weil sie immer ihre Mundwinkel beleckt hat, von wegen der salzigen Tränen. In einem fort weinte sie und leckte ihre Lippen, und ich hab' in einem fort lachen müssen, weil sie so dumm geweint hat mit ihrem kleinen Gesichtchen. So ein Mädchen – hat ein so ganz kleines Gesichtchen! Das hat mir am meisten an ihr gefallen. Sie sagt: Warum lachst du mich aus, wenn ich weine? – Wein also nicht, sag' ich zu ihr, und sie antwortet drauf: Ich muß aber weinen... ich weiß nicht, ich kann nicht dafür...

ANDREAS. So dumm!

GEORG. Die flennen gleich bei jeder Kleinigkeit. Ich sag zu ihr: Na gut, ich will nicht mehr lachen, und da meint sie: Jetzt muß ich schon weinen, ob du lachst oder nicht, ich weiß nicht...

ANDREAS. Warum hast du sie nicht einfach stehen lassen?

GEORG. Ich hab' erst gedacht: ich laß' sie stehen, aber sie hat mein Trikothemd gefaßt und hat mich nicht losgelassen. Laß mich jetzt nicht hier, hat sie gesagt, soll ich hier allein bleiben und heulen? – Dann heul doch nicht, sag' ich, du machst mich schon ganz wütend, weil du hier so ohne Grund herumschreist mit deinem kleinen Gesicht. Ich bin dir so in Wut gekommen, daß ich sie in die Seite puffte und sie anschrie: Heul' nicht, sonst hau' ich dich, hörst du?

ANDREAS (lüstern). Hast du sie gehauen?

GEORG. Ich hab' erst gedacht, ich werde sie hauen, aber da ist etwas ganz Unerwartetes geschehen: sie ist mir einfach um den Hals gefallen! Ich hab' erst gedacht, daß sie mit mir raufen will, da hab' auch ich sie um den Hals gefaßt, aber sie hat nur in mein Ohr weinen wollen, und hat ihren Kopf auf meine Schulter gelegt und gesagt: Rühr mich nicht an, ich hab' dir nichts getan! Und dann hat sie mich umarmt, und hat sich so schwer an meinen Hals gehängt, daß ich beinahe erstickt bin, und hat ihr schmutziges, warmes, kleines Gesichtchen an mein Gesicht gedrückt. Und es schien mir, als hätte sie das Fieber, und alle die vielen heißen Tränen sind auf mich geflossen. Ich sagte zu ihr: Was willst du denn von mir? Es war mir nämlich sehr unangenehm, sie ist mir aber nicht vom Halse gegangen, und ich habe sie getröstet und sagte: Du dumme Kuh, mach doch keine Geschichten! Ich strich ihr über das Haar, und auf ihrem mageren kleinen Schädel war hinten eine Beule, gerade wie ein Tüpfel.

Andreas probiert auf seinem Kopfe, ob auch er eine Beule hat.

GEORG. Auch ich hab' auf meinem Kopfe gesucht, auch ich hab' ein Tüpfel – aber ich hab's bis jetzt nicht gewußt, weil mir niemand den Kopf gestreichelt hat. Und ich habe sie umarmt und sagte: Jetzt werde ich dich küssen, wenn du deine Hand darauf gibst, daß du niemandem etwas sagst. Und sie hat ihre Hand darauf gegeben und geschworen, und sie hat sich an meinen Hals gehängt, und ich habe das Tüpfelchen auf ihrem Schädel geküßt, und sie sagte zu mir: Schwör', daß du mich liebst! Und ich hab' ihr sofort meine Hand darauf gegeben, ich schwör' nicht auf jeden Unsinn, ein Handschlag genügt. Sie hat mir dann ein Andenken gegeben, ein echtes vierblättriges

Kleeblatt, keins von den falschen, die sie mit der Schere fabriziert hatte. Sie meinte, ich solle es in mein Gebetbuch legen und pressen, und sie fragte mich: Du bist doch kein Jude? Ich sagte: nein, und sie sagte: Dann ist alles in Ordnung, beeil' dich nur, das Gymnasium zu beenden, ich werde mich auch mit meiner Schule beeilen, und wir werden in Budapest wohnen.

Andreas. Warum in Budapest?

Georg. Weil sich's dort angenehm wohnt – man kann dort fein gassenhauern am Kleinen Schwabenberg, und ich pflege Kalzit zu sammeln – nächstes Jahr werde ich's in der Mineralogie brauchen – und es ist auch sehr gute Luft dort.

Andreas. Und dann?

Georg. Dann rief man von unten: Olga! Olga! Olga! – und sie ist erschrocken und sagte: Ich bekomm' keine Salami, wenn ich mich nicht beeile, und ist weggerannt. Zum Abschied reichten wir uns noch die Hände, und ich stand allein da, ganz blöde, wie ein Pferd, und hab' um mich geschaut wie einer, dem etwas fehlt. Ich sah nach der Stelle, wo sie gelegen hatte – das Gras war dort zerdrückt, und ich hab' mich auf dieselbe Stelle gelegt und hab' an einem Grashalm gekaut.

Tiefe Stille. Die Sonne scheint noch immer warm, die Donau rollt nach wie vor unter dem Berge dahin.

Andreas. Und was ist mit der Paraguay-Marke?

Er erhält keine Antwort. Georg nagt an seinen Nägeln.

Andreas. Was ist mit der Paraguay-Marke?

Georg schrickt empor und blickt ihn an.

Georg. Was?

Andreas. Was ist mit der Paraguay-Marke?

GEORG. Die kann ich dir nicht geben, weil ich sie ihr gegeben habe. Das ist ihre erste Marke, aber sie wird bald mehr haben, weil sie jetzt anfangen wird zu sammeln, und ich werde ihr immer welche geben, wenn ich zwei von einer Sorte habe...

Legt sich neben dem Stein auf den Rücken nieder, zieht die Beine in die Höhe und kaut an einem Grashalm. Er bemerkt nicht, daß Andreas ihn verläßt und auf die Jagd nach Käfern geht. Tiefe Mittagsstille.

Wolfgang Borchert
Schischyphusch
oder Der Kellner meines Onkels

Dabei war mein Onkel natürlich kein Gastwirt. Aber er kannte einen Kellner. Dieser Kellner verfolgte meinen Onkel so intensiv mit seiner Treue und mit seiner Verehrung, daß wir immer sagten: Das ist sein Kellner. Oder: Ach so, sein Kellner.

Als sie sich kennenlernten, mein Onkel und der Kellner, war ich dabei. Ich war damals gerade so groß, daß ich die Nase auf den Tisch legen konnte. Das durfte ich aber nur, wenn sie sauber war. Und immer konnte sie natürlich nicht sauber sein. Meine Mutter war auch nicht viel älter. Etwas älter war sie wohl, aber wir waren beide noch so jung, daß wir uns ganz entsetzlich schämten, als der Onkel und der Kellner sich kennenlernten. Ja, meine Mutter und ich, wir waren dabei.

Mein Onkel natürlich auch, ebenso wie der Kellner, denn die beiden sollten sich ja kennenlernen, und auf sie kam es an. Meine Mutter und ich waren nur als Statisten dabei, und hinterher haben wir es bitter verwünscht, daß wir dabei waren, denn wir mußten uns wirklich sehr schämen, als die Bekanntschaft der beiden begann. Es kam dabei nämlich zu allerhand erschrecklichen Szenen mit Beschimpfung, Beschwerden, Gelächter und Geschrei. Und beinahe hätte es sogar eine Schlägerei gegeben. Daß mein Onkel einen Zungenfehler hatte, wäre beinahe der Anlaß zu dieser Schlägerei geworden. Aber daß er einbeinig war, hat die Schlägerei dann schließlich doch verhindert.

Wir saßen also, wir drei, mein Onkel, meine Mutter und ich, an einem sonnigen Sommertag nachmittags in einem großen prächtigen bunten Gartenlokal. Um uns herum saßen noch ungefähr zwei- bis dreihundert andere Leute, die auch alle schwitzten. Hunde saßen unter den schattigen Tischen, und Bienen saßen auf den Kuchentellern. Oder kreisten um die Limonadengläser der Kinder. Es war so warm und so voll, daß die Kellner alle ganz beleidigte Gesichter hatten, als ob das alles nur stattfände aus Schikane. Endlich kam auch einer an unseren Tisch.

Mein Onkel hatte, wie ich schon sagte, einen Zungenfehler. Nicht bedeutend, aber immerhin deutlich genug. Er konnte kein s sprechen. Auch kein z oder tz. Er brachte das einfach nicht fertig. Immer wenn in einem Wort so ein harter s-Laut auftauchte, dann machte er ein weiches feuchtwässeriges sch daraus. Und dabei schob er die Lippen weit vor, daß sein Mund entfernte Ähnlichkeit mit einem Hühnerpopo bekam.

Der Kellner stand also an unserem Tisch und wedelte mit seinem Taschentuch die Kuchenkrümel unserer Vorgänger von der Decke. (Erst viele Jahre später erfuhr ich, daß es nicht sein Taschentuch, sondern eine Art Serviette gewesen sein muß.) Er wedelte also damit und fragte kurzatmig und nervös:

»Bitte schehr? Schie wünschen?«

Mein Onkel, der keine alkoholarmen Getränke schätzte, sagte gewohnheitsmäßig:

»Alscho: Schwei Aschbach und für den Jungen Schelter oder Brausche. Oder wasch haben Schie schonscht?«

Der Kellner war sehr blaß. Und dabei war es Hochsommer, und er war doch Kellner in einem Gartenlokal. Aber vielleicht war er überarbeitet. Und plötzlich merkte ich, daß mein Onkel unter seiner blanken braunen Haut auch sehr blaß wurde. Nämlich als der Kellner die Bestellung der Sicherheit wegen wiederholte: »Scher wohl. Schwei Aschbach. Eine Brausche. Bitte schehr.«

Mein Onkel sah meine Mutter mit hochgezogenen Brauen an, als ob er etwas Dringendes von ihr wollte. Aber er wollte sich nur vergewissern, ob er noch auf dieser Welt sei. Dann sagte er mit einer Stimme, die an fernen Geschützdonner erinnerte:

»Schagen Schie mal, schind schie wahnschinnig? Schie? Schie machen schich über mein Lischpeln luschtig? Wasch?«

Der Kellner stand da und dann fing es an, an ihm zu zittern. Seine Hände zitterten. Seine Augendeckel. Seine Knie. Vor allem aber zitterte seine Stimme. Sie zitterte vor Schmerz und Wut und Fassungslosigkeit, als er sich jetzt Mühe gab, auch etwas geschützdonnerähnlich zu antworten:

»Esch ischt schamlosch von Schie, schich über mich schu amüschieren, taktlosch ischt dasch, bitte schehr.«

Nun zitterte alles an ihm. Seine Jackenzipfel. Seine pomadenverklebten Haarsträhnen. Seine Nasenflügel und seine sparsame Unterlippe.

An meinem Onkel zitterte nichts. Ich sah ihn ganz genau an: Absolut nichts. Ich bewunderte meinen Onkel. Aber als der Kellner ihn schamlos nannte, da stand mein Onkel doch wenigstens auf. Das heißt, er stand eigentlich gar nicht auf. Das wäre ihm mit seinem einen Bein viel zu umständlich und beschwerlich gewesen. Er blieb sitzen und stand dabei doch auf. Innerlich stand er auf. Und das genügte auch vollkommen. Der Kellner fühlte dieses innerliche Aufstehen meines Onkels wie einen Angriff, und er wich zwei kurze zittrige unsichere Schritte zurück. Feindselig standen sie sich gegenüber. Obgleich mein Onkel saß. Wenn er wirklich aufgestanden wäre, hätte sich sehr wahrscheinlich der Kellner hingesetzt. Mein Onkel konnte es sich auch leisten, sitzenzubleiben, denn er war noch im Sitzen ebenso groß wie der Kellner, und ihre Köpfe waren auf gleicher Höhe.

So standen sie nun und sahen sich an. Beide mit einer zu kurzen Zunge, beide mit demselben Fehler. Aber jeder mit einem völlig anderen Schicksal.

Klein, verbittert, verarbeitet, zerfahren, fahrig, farblos, verängstigt, unterdrückt: der Kellner. Der kleine Kellner. Ein richtiger Kellner: Verdrossen, stereotyp, höflich, geruchlos, ohne Gesicht, numeriert, verwaschen und trotzdem leicht schmuddelig. Ein kleiner Kellner. Zigarettenfingrig, servil, steril, glatt, gut gekämmt, blaurasiert, gelbgeärgert, mit leerer Hose hinten und dicken Taschen an der Seite, schiefen Absätzen und chronisch verschwitztem Kragen – der kleine Kellner.

Und mein Onkel? Ach, mein Onkel! Breit, braun, brummend, baßkehlig, laut, lachend, lebendig, reich, riesig, ruhig, sicher, satt, saftig – mein Onkel!

Der kleine Kellner und mein großer Onkel. Verschieden wie ein Karrengaul vom Zeppelin. Aber beide kurzzungig. Beide mit demselben Fehler. Beide mit einem feuchten wässerigen weichen sch. Aber der Kellner ausgestoßen, getreten von seinem Zungenschicksal, bockig, eingeschüchtert, enttäuscht, einsam, bissig.

Und klein, ganz klein geworden. Tausendmal am Tag verspottet, an jedem Tisch belächelt, belacht, bemitleidet, begrinst, beschrien. Tausendmal an jedem

Tag im Gartenlokal an jedem Tisch einen Zentimeter in sich hineingekrochen, geduckt, geschrumpft. Tausendmal am Tag bei jeder Bestellung an jedem Tisch, bei jedem »bitte schehr« kleiner, immer kleiner geworden. Die Zunge, gigantischer unförmiger Fleischlappen, die viel zu kurze Zunge, formlose zyklopische Fleischmasse, plumper unfähiger roter Muskelklumpen, diese Zunge hatte ihn zum Pygmäen erdrückt: kleiner, kleiner Kellner!

Und mein Onkel! Mit einer zu kurzen Zunge, aber: als hätte er sie nicht. Mein Onkel, selbst am lautesten lachend, wenn über ihn gelacht wurde. Mein Onkel, einbeinig, kolossal, slickzungig. Aber Apoll in jedem Zentimeter Körper und jedem Seelenatom. Autofahrer, Frauenfahrer, Herrenfahrer, Rennfahrer. Mein Onkel, Säufer, Sänger, Gewaltmensch, Witzereißer, Zotenflüsterer, Verführer, kurzzungiger sprühender sprudelnder Sieger, prothesenknarrend, breitgrinsend, mit viel zu kurzer Zunge, aber: als hätte er sie nicht!

So standen sie sich gegenüber. Mordbereit, todwund der eine, lachfertig, randvoll mit Gelächtereruptionen der andere. Ringsherum sechs- bis siebenhundert Augen und Ohren, Spazierläufer, Kaffeetrinker, Kuchenschleckerer, die den Auftritt mehr genossen als Bier und Brause und Bienenstich. Ach, und mittendrin meine Mutter und ich. Rotköpfe, schamhaft, tief in die Wäsche verkrochen. Und unsere Leiden waren erst am Anfang.

»Schuchen Schie schofort den Wirt, Schie aggreschiver Schpatz, Schie. Ich will Schie lehren, Gäschte schu inschultieren.«

Mein Onkel sprach jetzt absichtlich so laut, daß den sechs- bis siebenhundert Ohren kein Wort entging. Der Asbach regte ihn in angenehmer Weise an. Er grinste vor Wonne über sein großes gutmütiges breites braunes Gesicht. Helle salzige Perlen kamen aus der Stirn und trudelten abwärts über die massiven Backenknochen. Aber der Kellner hielt alles an ihm für Bosheit, für Gemeinheit, für Beleidigung und Provokation. Er stand mit faltigen hohen leise wehenden Wangen da und rührte sich nicht von der Stelle.

»Haben Schie Schand in den Gehörgängen? Schuchen Schie den Beschitscher, Schie beschoffener Schpaschvogel. Losch, oder haben Schie die Hosche voll, Schie mischgeschtalteter Schwerg?«

Da faßte der kleine Pygmäe, der kleine slickzungige Kellner, sich ein großmütiges, gewaltiges, für uns alle und für ihn selbst überraschendes Herz. Er trat ganz nah an unsern Tisch, wedelte mit seinem Taschentuch über unsere Teller und knickte zu einer korrekten Kellnerverbeugung zusammen. Mit einer kleinen männlichen und entschlossen leisen Stimme, mit überwältigender zitternder Höflichkeit sagte er: »Bitte schehr!« und setzte sich klein, kühn und kaltblütig auf den vierten freien Stuhl an unserem Tisch. Kaltblütig natürlich nur markiert. Denn in seinem tapferen kleinen Kellnerherzen flackerte die empörte Flamme der verachteten gescheuchten mißgestalteten Kreatur. Er hatte auch nicht den Mut, meinen Onkel anzusehen. Er setzte sich nur so klein und sachlich hin, und ich glaube, daß höchstens ein Achtel seines Gesäßes den Stuhl berührte. (Wenn er überhaupt mehr als ein Achtel besaß – vor lauter Bescheidenheit.) Er saß, sah vor sich hin auf die kaffeeübertropfte grauweiße Decke, zog seine dicke Brieftasche hervor und legte sie immerhin einigermaßen männlich auf den Tisch. Eine halbe Sekunde riskierte er einen kurzen Aufblick, ob er wohl zu weit gegangen sei mit dem Aufbumsen der Tasche, dann, als er sah, daß der Berg, mein Onkel nämlich, in seiner Trägheit verharrte, öffnete er die Tasche und nahm ein Stück pappartiges zusammengeknifftes Papier heraus, dessen Falten das typische Gelb eines oftbenutzten Stück Papiers aufwiesen. Er klappte es wichtig auseinander, verkniff sich jeden Ausdruck von Beleidigtsein oder Rechthaberei und legte sachlich seinen kurzen abgenutzten Finger auf eine bestimmte Stelle des Stück Papiers. Dazu sagte er leise, eine Spur heiser und mit großen Atempausen:

»Bitte schehr. Wenn Schie schehen wollen. Schtellen Schie höflichscht schelbscht fescht. Mein Pasch. In Parisch geweschen. Barschelona. Oschnabrück, bitte schehr. Allesch ausch meinem Pasch schu erschehen. Und hier: Beschondere Kennscheichen: Narbe am linken Knie. (Vom Fußballspiel.) Und hier, und hier? Wasch ischt hier? Hier, bitte schehr: Schprachfehler scheit Geburt. Bitte schehr. Wie Schie schelbscht schehen!«

Das Leben war zu rabenmütterlich mit ihm umgegangen, als daß er jetzt den Mut gehabt hätte, seinen Triumph auszukosten und meinen Onkel herausfordernd anzusehen. Nein, er sah still und klein vor sich auf seinen vorgestreckten Finger und den bewiesenen Geburtsfehler und wartete geduldig auf den Baß meines Onkels.

Es dauerte nicht lange, bis der kam. Und als er dann kam, war es so unerwartet, was er sagte, daß ich vor Schreck einen Schluckauf bekam. Mein Onkel ergriff plötzlich mit seinen klobigen viereckigen Tatmenschenhänden die kleinen flatterigen Pfoten des Kellners und sagte mit der vitalen wütend-kräftigen Gutmütigkeit und der tierhaft warmen Weichheit, die als primärer Wesenszug aller Riesen gilt: »Armesch kleinesch Luder! Schind schie schon scheit deiner Geburt hinter dir her und hetschen?«

Der Kellner schluckte. Dann nickte er. Nickte sechs-, siebenmal. Erlöst. Befriedigt. Stolz. Geborgen. Sprechen konnte er nicht. Er begriff nichts. Verstand und Sprache waren erstickt von zwei dicken Tränen. Sehen konnte er auch nicht, denn die zwei dicken Tränen schoben sich vor seine Pupillen wie zwei undurchsichtige allesversöhnende Vorhänge. Er begriff nichts. Aber sein Herz empfing diese Welle des Mitgefühls wie eine Wüste, die tausend Jahre auf einen Ozean gewartet hatte. Bis an sein Lebensende hätte er sich so überschwemmen lassen können! Bis an seinen Tod hätte er seine kleinen Hände in den Pranken meines Onkels verstecken mögen! Bis in die Ewigkeit hätte er das hören können, dieses: Armesch, kleinesch Luder!

Aber meinem Onkel dauerte das alles schon zu lange. Er war Autofahrer. Auch wenn er im Lokal saß. Er ließ seine Stimme wie eine Artilleriesalve über das Gartenlokal hinwegdröhnen und donnerte irgendeinen erschrokkenen Kellner an:

»Schie, Herr Ober! Acht Aschbach! Aber losch, schag ich Ihnen! Wasch? Nicht Ihr Revier? Bringen Schie schofort acht Aschbach oder tun Schie dasch nicht, wasch?«

Der fremde Kellner sah eingeschüchtert und verblüfft auf meinen Onkel. Dann auf seinen Kollegen. Er hätte ihm gern von den Augen abgesehen (durch ein Zwinkern oder so), was das alles zu bedeuten hätte. Aber der kleine Kellner konnte seinen Kollegen kaum erkennen, so weit weg war er von allem, was Kellner, Kuchenteller, Kaffeetasse und Kollege hieß, weit weit weg davon.

Dann standen acht Asbach auf dem Tisch. Vier

Gläser davon mußte der fremde Kellner gleich wieder mitnehmen, sie waren leer, ehe er einmal geatmet hatte. »Laschen Schie dasch da nochmal vollaufen!« befahl mein Onkel und wühlte in den Innentaschen seiner Jacke. Dann pfiff er eine Parabel durch die Luft und legte nun seinerseits seine dicke Brieftasche neben die seines neuen Freundes. Er fummelte endlich eine zerknickte Karte heraus und legte seinen Mittelfinger, der die Maße eines Kinderarmes hatte, auf einen bestimmten Teil der Karte.

»Schiehscht du, dummesch Häschchen, hier schtehtsch: Beinamputiert und Unterkieferschusch. Kriegschverletschung.« Und während er das sagte, zeigte er mit der anderen Hand auf eine Narbe, die sich unterm Kinn versteckt hielt.

»Die Öösch haben mir einfach ein Schtück von der Schungenschpitsche abgeschoschen. In Frankreich damalsch.«

Der Kellner nickte.

»Noch bösche?« fragte mein Onkel.

Der Kellner schüttelte schnell den Kopf hin und her, als wollte er etwas ganz Unmögliches abwehren.

»Ich dachte nur schuerscht, Schie wollten mich utschen.«

Erschüttert über seinen Irrtum in der Menschenkenntnis wackelte er mit dem Kopf immer wieder von links nach rechts und wieder zurück.

Und nun schien es mit einmal, als ob er alle Tragik seines Schicksals damit abgeschüttelt hätte. Die beiden Tränen, die sich nun in den Hohlheiten seines Gesichtes verliefen, nahmen alle Qual seines bisherigen verspotteten Daseins mit. Sein neuer Lebensabschnitt, den er an der Riesentatze meines Onkels betrat, begann mit einem kleinen aufstoßenden Lacher, einem Gelächterchen, zage, scheu, aber von einem unverkennbaren Asbachgestank begleitet.

Und mein Onkel, dieser Onkel, der sich auf einem Bein, mit zerschossener Zunge und einem bärigen baßstimmigen Humor durch das Leben lachte, dieser mein Onkel war nun so unglaublich selig, daß er endlich endlich lachen konnte. Er war schon bronzefarben angelaufen, daß ich fürchtete, er müsse jede Minute platzen. Und sein Lachen lachte los, unbändig, explodierte, polterte, juchte, gongte, gurgelte – lachte los, als ob er ein Riesensaurier wäre, dem diese Urweltlaute entrülpsten. Das erste kleine neu probierte Menschlachen des Kellners, des neuen kleinen Kellnermenschen, war dagegen wie das schüttere Gehüstel eines erkälteten Ziegenbabys. Ich griff angstvoll nach der Hand meiner Mutter. Nicht daß ich Angst vor meinem Onkel gehabt hätte, aber ich hatte doch eine tiefe tierische Angstwitterung vor den acht Asbachs, die in meinem Onkel brodelten. Die Hand meiner Mutter war eiskalt. Alles Blut hatte ihren Körper verlassen, um den Kopf zu einem grellen plakatenen Symbol der Schamhaftigkeit und des bürgerlichen Anstandes zu machen. Keine Vierländer Tomate konnte ein röteres Rot ausstrahlen. Meine Mutter leuchtete. Klatschmohn war blaß gegen sie. Ich rutschte tief von meinem Stuhl unter den Tisch. Siebenhundert Augen waren rund und riesig um uns herum. Oh, wie wir uns schämten, meine Mutter und ich.

Der kleine Kellner, der unter dem heißen Alkoholatem meines Onkels ein neuer Mensch geworden war, schien den ersten Teil seines neuen Lebens gleich mit einer ganzen Ziegenmeckerlachepoche beginnen zu wollen. Er mähte, bähte, gnuckte und gnickerte wie eine ganze Lämmerherde auf einmal. Und als die beiden Männer nun noch vier zusätzliche Asbachs über ihre kurzen Zungen schütteten, wurden aus den Lämmern, aus den rosigen dünnstimmigen zarten schüchternen kleinen Kellnerlämmern, ganz gewaltige hölzern mekkernde steinalte weißbärtige blechscheppernde blödblökende Böcke.

Diese Verwandlung vom kleinen giftigen tauben verkniffenen Bitterling zum andauernd, fortdauernd meckernden schenkelschlagenden geckernden blechern blökenden Ziegenbockmenschen war selbst meinem Onkel etwas ungewöhnlich. Sein Lachen vergluckerte langsam wie ein absaufender Felsen. Er wischte sich mit dem Ärmel die Tränen aus dem braunen breiten Gesicht und glotzte mit asbachblanken sturerstaunten Augen auf den unter Lachstößen bebenden weißbejackten Kellnerzwerg. Um uns herum feixten siebenhundert Gesichter. Siebenhundert Augen glaubten, daß sie nicht richtig sahen. Siebenhundert Zwerchfelle schmerzten. Die, die am weitesten ab saßen, standen erregt auf, um sich ja nichts entgehen zu lassen. Es war, als ob der Kellner sich vorgenommen hatte, fortan als ein riesenhafter boshaft bähender Bock sein Leben fortzusetzen. Neuerdings, nachdem er wie aufgezogen einige Minuten in seinem eigenen Gelächter untergegangen war, neuerdings bemühte er sich erfolgreich, zwischen den Lachsalven, die wie ein blechernes Maschinengewehrfeuer aus seinem runden Mund perlten, kurze schrille Schreie auszustoßen. Es gelang ihm, so viel Luft zwischen dem Gelächter einzusparen, daß er nun diese Schreie in die Luft wiehern konnte:

»Schischyphusch!« schrie er und patschte sich gegen die nasse Stirn. »Schischyphusch! Schiiischyyyphuuusch!« Er hielt sich mit beiden Händen an der Tischplatte fest und wieherte: »Schischyphusch!« Als er fast zwei Dutzend mal gewiehert hatte, dieses »Schischyphusch« aus voller Kehle gewiehert hatte, wurde meinem Onkel das Schischyphuschen zuviel. Er zerknitterte dem unaufhörlich wiehernden Kellner mit einem einzigen Griff das gestärkte Hemd, schlug mit der anderen Faust auf den Tisch, daß zwölf leere Gläser an zu springen fingen, und donnerte ihn an: »Schlusch! Schlusch, schag ich jetscht. Wasch scholl dasch mit dieschem blödschinnigen schaudummen Schischyphusch? Schlusch jetscht, verschtehscht du!«

Der Griff und der gedonnerte Baß meines Onkels machten aus dem schischyphuschschreienden Ziegenbock im selben Augenblick wieder den kleinen lispelnden armseligen Kellner.

Er stand auf. Er stand auf, als ob es der größte Irrtum seines Lebens gewesen wäre, daß er sich hingesetzt hatte. Er fuhr sich mit dem Serviettentuch durch das Gesicht und räumte Lachtränen, Schweißtropfen, Asbach und Gelächter wie etwas hinweg, das fluchwürdig und frevelhaft war. Er war aber so betrunken, daß er alles für einen Traum hielt, die Pöbelei am Anfang, das Mitleid und die Freundschaft meines Onkels. Er wußte nicht: Hab ich nun eben Schischyphusch geschrien? Oder nicht? Hab ich schechsch Aschbach gekippt, ich, der Kellner dieschesch Lokalsch, mitten unter den Gäschten? Ich? Er war unsicher. Und für alle Fälle machte er eine abgehackte kleine Verbeugung und flüsterte: »Verscheihung!« Und dann verbeugte er sich noch einmal. »Verscheihung. Ja, verscheihen Schie dasch Schischyphuschgeschrei. Bitte schehr. Verscheihen der Herr, wenn ich schu laut war, aber der Aschbach, Schie wischen ja schelbscht, wenn man nichtsch gegeschen hat, auf leeren Magen. Bitte schehr darum. Schischyphusch war nämlich mein Schpitschname. Ja, in der Schule schon. Die gansche Klasche nannte mich scho. Schie wischen wohl, Schischyphusch, dasch war der Mann in der Hölle, diesche alte Schage, wischen Schie, der Mann im Hadesch, der arme Schünder, der einen groschen Felschen auf einen rieschigen Berg raufschieben schollte, eh, muschte, ja, dasch war der Schischyphusch, wischen Schie wohl. In der Schule muschte ich dasch immer schagen, immer diesch Schischyphusch. Und allesch hat dann gepuschtet vor Lachen, können Schie schich denken, werter Herr. Allesch hat dann gelacht, wischen Schie, schintemalen ich doch die schu kursche Schungenschpitze beschitsche. Scho kam esch, dasch ich schpäter überall Schischyphusch geheischen wurde und gehänschelt wurde, schehen Schie. Und dasch, verscheihen, kam mir beim Aschbach nun scho insch Gedächtnisch, alsch ich scho geschrien habe, verschtehen. Verscheihen Sie, ich bitte schehr, verscheihen Schie, wenn ich Schie beläschtigt haben schollte, bitte schehr.«

Er verstummte. Seine Serviette war indessen unzählige Male von einer Hand in die andere gewandert. Dann sah er auf meinen Onkel.

Jetzt war der es, der still am Tisch saß und vor sich auf die Tischdecke sah. Er wagte nicht, den Kellner anzusehen. Mein Onkel, mein bärischer bulliger riesiger Onkel wagte nicht, aufzusehen und den Blick dieses kleinen verlegenen Kellners zu erwidern. Und die beiden dicken Tränen, die saßen nun in seinen Augen. Aber das sah keiner außer mir. Und ich sah es auch nur, weil ich so klein war, daß ich ihm von unten her ins

Gesicht sehen konnte. Er schob dem still abwartenden Kellner einen mächtigen Geldschein hin, winkte ungeduldig ab, als der ihm zurückgeben wollte, und stand auf, ohne jemanden anzusehen.

Der Kellner brachte noch zaghaft einen Satz an: »Die Aschbach wollte ich wohl gern beschahlt haben, bitte schehr.«

Dabei hatte er den Schein schon in seine Tasche gesteckt, als erwarte er keine Antwort und keinen Einspruch. Es hatte auch keiner den Satz gehört und seine Großzügigkeit fiel lautlos auf den harten Kies des Gartenlokals und wurde da später gleichgültig zertreten. Mein Onkel nahm seinen Stock, wir standen auf, meine Mutter stützte meinen Onkel, und wir gingen langsam auf die Straße zu. Keiner von uns dreien sah auf den Kellner. Meine Mutter und ich nicht, weil wir uns schämten. Mein Onkel nicht, weil er die beiden Tränen in den Augen sitzen hatte. Vielleicht schämte er sich auch, dieser Onkel. Langsam kamen wir auf den Ausgang zu, der Stock meines Onkels knirschte häßlich auf dem Gartenkies, und das war das einzige Geräusch im Augenblick, denn die drei- bis vierhundert Gesichter an den Tischen waren stumm und glotzäugig auf unseren Abgang konzentriert.

Und plötzlich tat mir der kleine Kellner leid. Als wir am Ausgang des Gartens um die Ecke biegen wollten, sah ich mich schnell noch einmal nach ihm um. Er stand noch immer an unserem Tisch. Sein weißes Serviettentuch hing bis auf die Erde. Er schien mir noch viel viel kleiner geworden zu sein. So klein stand er da, und ich liebte ihn plötzlich, als ich ihn so verlassen hinter uns herblicken sah, so klein, so grau, so leer, so hoffnungslos, so warm, so kalt und so grenzenlos allein! Ach, wie klein. Er tat mir so unendlich leid, daß ich meinen Onkel an die Hand tippte, aufgeregt, und leise sagte: »Ich glaube, jetzt weint er.«

Mein Onkel blieb stehen. Er sah mich an, und ich konnte die beiden dicken Tropfen in seinen Augen ganz deutlich erkennen. Noch einmal sagte ich, ohne genau zu verstehen, warum ich es eigentlich tat: »Oh, er weint. Kuck mal, er weint.«

Da ließ mein Onkel den Arm meiner Mutter los, humpelte schnell und schwer zwei Schritte zurück, riß seinen Krückstock wie ein Schwert hoch und stach damit in den Himmel und brüllte mit der ganzen großartigen Kraft seines gewaltigen Körpers und seiner Kehle:

»Schischyphusch! Schischyphusch! Hörscht du? Auf Wiedersehen, alter Schischyphusch! Bisch nächschten Schonntag, dummesch Luder! Wiederschehen!«

Die beiden dicken Tränen wurden von den Falten, die sich jetzt über sein gutes braunes Gesicht zogen, zu nichts zerdrückt. Es waren Lachfalten, und er hatte das ganze Gesicht voll davon. Noch einmal fegte er mit seinem Krückstock über den Himmel, als wollte er die Sonne herunterraken, und noch einmal donnerte er sein Riesenlachen über die Tische des Gartenlokals hin: »Schischyphusch! Schischyphusch!«

Und Schischyphusch, der kleine graue arme Kellner, wachte aus seinem Tod auf, hob seine Serviette und fuhr damit auf und ab wie ein wildgewordener Fensterputzer. Er wischte die ganze graue Welt, alle Gartenlokale der Welt, alle Kellner und alle Zungenfehler der Welt mit seinem Winken endgültig und für immer weg aus seinem Leben. Und er schrie schrill und überglücklich zurück, wobei er sich auf die Zehen stellte, und ohne sein Fensterputzen zu unterbrechen:

»Ich verschtehe! Bitte schehr! Am Schonntag! Ja, Wiederschehen! Am Schonntag, bitte schehr!«

Dann bogen wir um die Ecke. Mein Onkel griff wieder nach dem Arm meiner Mutter und sagte leise: »Ich weisch, esch war schicher entschetschlich für euch. Aber wasch sollte ich andersch tun, schag schelbscht. Scho'n dummer Hasche. Läuft nun schein gansches Leben mit scho einem garschtigen Schungenfehler herum. Armesch Luder dasch!«

Peter Altenberg
Sanatorium für Nervenkranke

Morgenvisite.

Der Doktor sitzt, wie ein Staatsanwalt ernst blickend und forschend, an einem riesigen Schreibtische.

Der Delinquent (Patient) tritt ein.

»Bitte, nehmen Sie Platz...«

Pause, in der der Staatsanwalt (Arzt) den Verbrecher mustert, ob Paralyse oder Simulation vorhanden sei...

»Also, mein lieber Peter Altenberg, ich kenne Sie nämlich schon seit langem aus Ihren interessanten Büchern und erlaube mir daher den konventionellen Titel ›Herr‹ bei einem berühmten Manne wie Sie wegzulassen. Ihre Verehrerinnen a propos sollen Sie ja direkt mit ›P. A.‹ titulieren!? Diese *Ehrenabkürzung* wage ich bisher noch nicht...

Aber zur Sache! Also, mein lieber Peter Altenberg, was werden wir denn zum Frühstück nehmen?!?«

»Wir?! Das weiß ich nicht. Aber ich selbst nehme Kaffee, hellen Milchkaffee...«

»Kaffee?! So?! Also Kaffee, hellen Milchkaffee –?!? Also schön, Kaffee...!«

»Ja, bitte, es ist mein gewöhnliches Getränk, an das ich seit dreißig Jahren gewöhnt bin...«

»Ganz gut. Aber Sie sind eigentlich hier, um sich von Ihrer bisherigen Lebensweise, die Ihnen anscheinend bisher nicht besonders genützt hat, zu *entwöhnen*, vielmehr die *nötige Energie* zu akquirieren, solche *Veränderungen* Ihrer gewohnten, ja vielleicht *allzu-*

gewohnten Lebensweise allmählich wenigstens vorzunehmen!?! Nun, bleiben wir also vorläufig beim Milchkaffee. Aber weshalb diese dezidierte Aversion gegen Tee?! Man kann auch Tee mit Milch verdünnt trinken…?!«

»Ja, aber ich pflege Milchkaffee zu trinken…«

»Haben Sie, Herr Altenberg, einen bestimmten Grund, den Genuß von Tee des Morgens für Ihre Nerven für unzukömmlich zu halten?!?«

»Ja; weil er mir nicht schmeckt…«

»Aha, das wollte ich eben nur wissen. Also, mein lieber Herr, was nehmen Sie denn zu Ihrem so geliebten und *anscheinend unentbehrlichen* Milchkaffee dazu?!?«

»Dazu?! Nichts!«

»Nun, irgend etwas *Konsistentes* müssen Sie doch dazu nehmen! Ein leerer Kaffee schmeckt einem ja gar nicht…«

»Nein, ich nehme nichts dazu; mir schmeckt nur ein l e e r e r Milchkaffee…«

»Nun, mein sehr geehrter Herr, bei uns geht das eben nicht. Sie werden mir freundlichst die *Konzession* machen müssen von zwei Buttersemmeln…«

»Ich hasse Butter, ich hasse Semmeln, aber noch mehr hasse ich Buttersemmeln!«

»Nun, diesen Haß werden wir schon noch besiegen! Ich habe schon *schwierigere Kunststücke* fertiggebracht, mein Lieber… So, und jetzt begeben Sie sich stillvergnügt zu Ihrem Frühstück in die Veranda. Noch eins: Pflegen Sie nach dem Frühstück auszuruhen?!?«

»Je nachdem…«

»Je nachdem gibt es nicht. Entweder Sie ruhen oder Sie machen Bewegung…«

»Also dann werde ich ruhen…«

»Nein, dann werden Sie eine halbe Stunde lang gehen…!«

Der Delinquent verläßt wankend das Amtszimmer und begibt sich zum *Strafantritt* auf die Veranda zum Frühstück, verschärft durch zwei Buttersemmeln.

Einige Tage später. Der Staatsanwalt: »Nun, sehen Sie, mein lieber berühmter Dichter, Ihr Gesichtsausdruck ist schon ein viel freierer, ich möchte sagen, ein menschlicherer, nicht so präokkupiert von fixen Ideen… Haben Ihnen die zwei Buttersemmeln geschadet?! Na also!«

Nein, sie hatten ihm nicht geschadet, denn er hatte sie täglich im Hühnerhofe verteilt…

Nachmittagsvisiste.

»Herr Peter Altenberg möchten sogleich zum Herrn Direktor kommen…«

»Setzen Sie sich, bitte.

Ich habe Ihnen den Alkoholgenuß strengstens untersagt…«

»Jawohl, Herr Direktor…«

»Kennen Sie diese ganze Batterie von leeren Slibowitz-Flaschen?!?«

»Jawohl, es sind die meinen…«

»Man hat sie heute unter Ihrem Bette aufgefunden…«

»Ja, wo sollte man sie denn sonst auffinden?! Ich habe sie ja dort deponiert…«

»Wie haben Sie sich das Gift in meiner Anstalt verschafft?!«

»Ich bestach jemanden. Sein ehrliches Gewissen ließ es bei zwei Kronen nicht zu. Da offerierte ich ihm drei Kronen.«

»Sie sind also unschuldig an der ganzen Sache, sondern der ungetreue Diener ist der Schuldige! Ich werde ihn zur Rechenschaft ziehen, obzwar er bereits fünfundzwanzig Jahre im Hause ist und sich, *soweit ich es übersehen konnte*, stets einer tadellosen Konduite erfreut hat...«

»Herr Direktor, Sie haben mir doch noch gestern gesagt, daß ich in Ihrer Anstalt und durch das regelmäßige solide Leben hier mich um zwanzig Jahre direkt verjüngt hätte und fast gar nicht mehr wiederzuerkennen sei?!?«

»Das sagte ich aus *pädagogischen Gründen*, um Ihr Selbstbewußtsein zu stärken –.«

»Herr Direktor, darf ich mir die leeren Slibowitz-Flaschen bei Ihnen später abholen lassen?!? Ich bekomme nämlich für jede sechs Heller retour – –.«

Direktor zu dem unredlichen Angestellten: »Sie, Anton, wie konnten Sie sich unterstehen, nach fünfundzwanzig tadellosen Dienstjahren, einem Patienten, und sei es auch ein berühmter Dichter mit Eigenheiten, solche Mengen Branntwein gegen Bestechung zu verschaffen?!?«

»Aber Herr Direktor, wenn ich das nicht schon seit Jahren bei hundert Alkoholikern getan hätte, wäre uns ja ein jeder schon am dritten Tag davongegangen, und wir hätten unsere Anstalt leer stehen gehabt!«

»Nun gut, Anton, aber sorgen Sie wenigstens dafür von nun an, daß die leeren Flaschen nicht gefunden werden...«

»Herr Direktor, das hat mir der Diener Franz angetan, aus Rache, weil ich mir soviel nebenbei verdiene...«

Direktor zum Diener Franz: »Sie, Franz, kümmern Sie sich um Ihre eigenen Angelegenheiten! Sie verdienen genug, indem Sie unsere Alkoholiker mit unseren Hysterikerinnen ein wenig *›anbandeln‹* lassen... Ein jeder hat sein Ressort. In einer Anstalt muß Ordnung herrschen!«

Erich Mühsam
Kleiner Roman

Sie lernte Stenographin,
er war Engros-Kommis.
Im Speisewagen traf ihn
ein Blick. Er liebte sie.

Auf einer Haltestelle
brach man die Reise ab,
woselbst er im Hotelle
sie als sein Weib ausgab.

Nicht viel, das man sich fragte.
Doch küßten sie genug.
Und als der Morgen tagte,
ging schon der nächste Zug.

Nach einer kurzen Stunde
fand ihre Fahrt den Schluß.
Er nahm von ihrem Munde
noch einen heißen Kuß.

Er sah sie schnupftuchwinkend
noch stehn zum letztenmal,
und in sein Auge blinkend
sich eine Träne stahl.

Er soll sie heut noch lieben.
Sie war so drall und jung.
Ihr ist ein Kind geblieben
und die Erinnerung.

Erich Kästner
Steckbrief

Sie gab mir Bridge- und Englischstunden,
sprach über Freud und las Sanskrit;
doch eines Tags war sie verschwunden
und nahm sechs Silberlöffel mit.

Wir hatten uns so gut verstanden!
Mir kam, als sie von dannen fuhr,
die ganze Heiterkeit abhanden
samt meiner goldnen Armbanduhr.

Sie wirkte überaus japanisch
und steckte Blumen in ihr Haar
und war, obgleich leicht kleptomanisch,
in mancher Hinsicht wunderbar.

Azur war ihre Lieblingsfarbe
und Saftgulasch ihr Leibgericht.
Sie hatte eine Blinddarmnarbe;
seit wann und wo, das weiß ich nicht.

Ich weiß nur, daß sie beim Erwachen
wie eine Lady sich benahm,
auch wenn von meinen Siebensachen
mir dies und das abhanden kam.

Mein Portefeuille kann ich leicht verschmerzen,
selbst den Smaragd- und Siegelring;

sie aber lag mir sehr am Herzen,
besonders dann, bevor sie ging.

Mein Steckbrief ist recht unvollständig;
ich weiß bloß, daß sie mich verließ
und sündenschön war und lebendig
und Herta oder Hilde hieß.

Peter Hammerschlag
Liebeslied an ein Proletariermädchen

Ich bin ein armer, kleiner Jud
Und hab kein scharfes Messer.
Du bist aus altem Vorstadtblut,
Und wahrlich: dir ist besser.

Du kennst die Spittelberger Buam
Mit Mahagonipratzen.
Die sind wie der Novembersturm
Und hab'n statt Mädchen »Katzen«.

Die treten dir im Maienwind
Verliebt ins weiße Bäuchlein,
Und machen dir ein Sonntagskind
Flugs hinterm Fliedersträuchlein.

Dazu fehlt mir die innre Kraft –
So heiß kann ich nicht werben.
Jedoch von deiner Jungfernschaft,
Da sammle ich die Scherben

Und bring dir süße Mehlspeis dar
(Auch die ist nicht verächtlich),
Und sind wir auch nicht ganz ein Paar –
Ich denk an dich, allnächtlich.

Das Naserl streich ich dir zurecht
Und dann die Augenbrauen.

Doch kann ich dir, selbst wenn ich möcht,
Die Pappen nicht zerhauen.

Sei mir auch so ein bisserl gut,
Auch ich werd einmal gresser!
Ich bin ein armer kleiner Jud
Und hab kein scharfes Messer.

Ephraim Kishon
Es zuckt

Die Sache begann buchstäblich unter dem Hochzeitsbaldachin des jungen Pomerantz. Sein Vater, Doktor Pomerantz, hatte mich schon seit Wochen brieflich, mündlich und telefonisch beschworen, der Hochzeitsfeier durch meine Gegenwart Glanz zu verleihen; wenn man ihm glauben wollte, machte sein Sohn die Hochzeit überhaupt davon abhängig, daß ich ihr beiwohnte, und dementsprechend ließ es auch die Braut an Bitten und Beschwörung nicht fehlen. Das Ganze war mir außerordentlich lästig, um so mehr, als ich Doktor Pomerantz nur von einer einzigen flüchtigen Begegnung her kannte. Bei irgendeinem Gesandtschaftsempfang war er auf mich zugetreten, hatte mich mit »verehrter Meister« angesprochen und mir einige Artigkeiten über mein letztes Violinkonzert gesagt. Das war alles. Und deshalb sollte ich jetzt seinen Sohn in den Hafen der Ehe geleiten?

»Hochzeitseinladungen sind etwas Fürchterliches«, klagte ich meiner Frau. »Weiß der Teufel, warum ich zugesagt habe. Ich kenne die Leute kaum. Was soll ich machen?« Die beste Ehefrau von allen dachte eine Weile nach. Dann kam sie, wie nicht anders zu erwarten, mit der einzig richtigen Lösung:

»Wenn du eingeladen bist, mußt du hingehen«, sagte sie.

Ich ging hin. Und es war noch schlimmer, als ich's mir vorgestellt hatte. Doktor Pomerantz hatte sichtlich keine Ahnung, wer ich war, sein Sohn drückte mir geistesabwesend die Hand, die Braut tat nicht einmal das. Ich fühlte mich richtig erlöst, als das Buffet zum Sturm freigegeben wurde.

In diesem Augenblick trat der Mann mit dem nervösen Tick in mein Leben. Er stand neben mir, und sein Gesicht zuckte. Es zuckte unaufhörlich und mit schöner Regelmäßigkeit. Im übrigen sprachen wir kein Wort, abgesehen von seiner Bitte, ihm den Senf zu reichen; wenn ich nicht irre, bin ich dieser Bitte nachgekommen.

Der trostlos langweilige Abend erfuhr eine gewisse Belebung, als der Bräutigam das strahlend weiße Kleid der Braut versehentlich mit Rotwein anschüttete. Den entstandenen Tumult nützte ich aus, um mich zu entfernen. Bald darauf vergaß ich die Familie Pomerantz, die Hochzeit und alles, was damit zusammenhing.

Ein halbes Jahr mochte vergangen sein. Ich machte Einkäufe in einer Papierwarenhandlung. Neben mir stand ein Herr, den ich nicht kannte. Er sah mich an: »Na?« fragte er. »Wie geht es den jungen Leuten?«

»Welche jungen Leute meinen Sie?«

Ich wußte es wirklich nicht – aber ein plötzliches Zucken in seinem Gesicht frischte mein Gedächtnis auf. Er meinte das junge Ehepaar Pomerantz.

»Ich habe nie wieder von ihnen gehört«, gab ich wahrheitsgemäß an.

»Ich auch nicht. Aber ich erinnere mich, daß der junge Pomerantz ein Glas Rotwein über seine Braut geschüttet hat...«

»Ganz richtig, ganz richtig. Wollen hoffen, daß es ihnen gutgeht.«

Und ich wandte mich hastig ab, denn ich rede sehr

ungern mit Leuten, mit denen ich nichts zu reden habe. Wir waren auf einer Hochzeit zufällig nebeneinander am Buffet gestanden, er hatte gezuckt, ich hatte ihm den Senf gereicht, hier bitte, danke schön, aus, vorbei. Wozu soll man eine so läppische Erinnerung mit sich herumtragen? Ich löschte sie aufs neue aus meinem Gedächtnis, und es glückte mir aufs neue.

Bis ich eines Tages ein »Scherut«-Taxi bestieg und mich einem Mitfahrer gegenüber fand, der mir sogleich bekannt vorkam. Als mir klar wurde, daß es der Mann mit dem nervösen Tick war, erfaßte mich wilder Schrecken. Ich sandte ein Stoßgebet zum Himmel, des Inhalts, daß einer von uns beiden ans Ziel gelangen und aussteigen möge, bevor wir ins Gespräch kämen... vergebens. In einer Kurve wurde mein Gegenüber gegen meine Kniescheibe geschleudert, sah mich entschuldigend an, zuckte – und veranlaßte mich dadurch zu einem verhängnisvollen Fehler:

»Hallo«, sagte ich. »Wie geht's den beiden jungen Leuten?«

In der nächsten Sekunde verfluchte ich meine Voreiligkeit: der Gesichtsausdruck des Tickbesitzers ließ keinen Zweifel daran, daß er mich gar nicht erkannt hatte. Erst mein Leichtsinn brachte ihn auf die richtige Fährte.

»Ach ja«, murmelte er. »Natürlich. Pomerantz oder wie die geheißen haben. Ich habe sie seit damals nicht mehr gesehen.«

»Ich auch nicht«, sagte ich rasch und in der verwegenen Hoffnung, daß es damit sein Bewenden hatte.

Mein Gegenüber nahm sein Zucken in vollem Umfang wieder auf: »Jetzt erinnere ich mich. Ein Glas Wein – « »– wurde ausgeschüttet«, ergänzte ich.

»Über das Kleid der Braut.«

»Rotwein, glaube ich.«

»Stimmt. Rotwein. Es geht ihnen also gut, sagen Sie?«

»Ich habe nichts Gegenteiliges gehört.«

»Nun, hoffen wir's.«

Damit war die Diskussion zu Ende. Ein anderes Thema hatten wir nicht. Den Rest der Strecke legten wir schweigend zurück.

Fast sah es danach aus, als sollte dieser garstige Zwischenfall der letzte seiner Art bleiben. Zwei oder drei Jahre waren störungsfrei ins Land gegangen, als ich den Zug nach Jerusalem bestieg. Und hier geschah es, daß das Schicksal zuschlug.

Ich fand ein leeres Abteil und lehnte mich behaglich auf meinem Fensterplatz zurück. Vielleicht war ich ein wenig eingenickt – jedenfalls blickte ich erst wieder auf, als der Zug sich in Bewegung setzte. Und da sah ich, mir gegenüber, in dem bis dahin leeren Abteil, auf dem Weg nach Jersualem, allein mit mir ...

»Hehehe!« In seinem Gesicht zuckte es fröhlich. »Was wohl die beiden jungen Leute treiben?«

Offenkundig konnte er sich nicht einmal an ihren Namen erinnern, sowenig wie ich. »Ich weiß nicht«, sagte ich. »Ich habe sie längst aus den Augen verloren.«

»Ich auch. Längst. Keine Ahnung, wie es ihnen geht.« Stille. Beklemmende Stille. Sie verdickte sich allmählich zu undurchdringlichen Schwaden und ließ den Rhythmus der Räder nur wie aus weiter Ferne an mein Ohr dringen. Auf geheimnisvolle Weise schien er den Rhythmus der Gesichtszuckungen mir gegenüber zu kontrapunktieren. Kalter Schweiß trat mir auf die Stirn. Ich merkte, daß auch ich zu zucken begann. Und plötzlich kam die Stimme meines Gegenübers unabwendbar auf mich zu:

»Der Wein... erinnern Sie sich an den Wein...?«

»Ja... die Braut...«

»Rot...«

»Ausgeschüttet...«

»Übers Kleid...«

»Der Hund!« sagte ich in einer plötzlichen Eingebung und sprang auf. »Entschuldigen Sie, ich muß nachsehen!«

Damit stürzte ich auf den Gang hinaus und zwängte mich zum nächsten Waggon durch und durch den übernächsten und bis in den letzten hinein, bis zur hintersten Plattform des letzten Waggons, wo es nicht mehr weiterging. Dort bot ich meine fieberheiße Stirn dem Winde dar. »Warum, warum?« stöhnte ich. »Warum verfolgt mich dieses zuckende Gesicht? Soll ein unglückseliger Zwischenfall bei einer unglückseligen Hochzeit mich endlos quälen?«

Von da an wurde ich vorsichtig und mied alle öffentlichen Verkehrsmittel. Ich kaufte ein Auto. Ich saß im Kaffeehaus nur noch hinter Säulen. Ich fuhr nicht mehr nach Jerusalem. Als ich das zuckende Gesicht einmal von weitem auf der Straße sah, flüchtete ich in ein Haustor, sauste alle sechs Stockwerke hinauf und versteckte mich auf dem Dachboden. Denn ich wußte: wenn dieser Kerl mich noch einmal nach den »beiden jungen Leuten« fragt, springe ich ihm an die Kehle, wahrscheinlich mit letalem Ausgang.

Gestern führte ich meinen Sohn Raphael zur Nachmittagsvorstellung der Eisrevue. Es war rührend, wie der Kleine sich freute, und ich freute mich mit ihm. Selig saß ich da, meinen kleinen Rafi auf den Knien. Er wußte sich kaum zu halten, er wollte die ganze Welt an seinem Glück teilhaben lassen, auch den kleinen Jungen, der in der Nebenloge auf seines Vaters Knien saß. Recht so! Man kann nicht früh genug anfangen, menschliche Kontakte zu suchen! Ich nickte dem Knaben in der Nachbarloge freundlich zu. Er nickte freundlich zurück. Und in seinem Gesicht... Gott helfe mir... in seinem Gesicht zuckte es, rhythmisch und unaufhörlich...

Von der Eisrevue sah ich nichts mehr. Ich hatte mich mit dem Rücken zur Nachbarloge gekehrt. Aber dann kam die Pause, und in der Pause kam aus der Nachbarloge der Vater des zuckenden Knaben, zuckte seinerseits und sagte: »Haben Sie«, sagte er, »haben Sie zufällig... Sie wissen ja... die beiden jungen Leute... wie geht es ihnen?«

»Meine Schlüssel! Um Himmels willen, wo sind meine Schlüssel?«

Mit einem Panthersatz verschwand ich in der brodelnden Menge. Raphael war ganz verweint, als er mich endlich wiederfand.

»Papi«, plauderte er drauflos, »mein neuer Freund sagt, saß sein Papi dich kennt... Ihr wart zusammen auf einer Hochzeit... Ist es wahr, daß der Bräutigam die Braut mit Rotwein angeschüttet hat?«

Es ist alles vergebens. Ich werde das zuckende Gesicht, zu dem die Ehe Pomerantz mich verflucht hat, niemals loswerden. Es wird wider mich zucken bis ans Ende meiner Tage, bis ins dritte und vierte Geschlecht, es wird sich vererben vom Vater auf den Sohn und vom Sohn auf den Enkel, es wird zucken in alle Ewigkeit.

Hans Adler
Die Braut spricht

Dich will ich haben!
Du bist nicht wie die anderen Knaben,
Die mich lüstern umschmeichelten,
Meine Brüstlein streichelten
Und verschwanden.
Du hast mich verstanden!
Bist ernst und fromm und still,
Wirst immer dankbare Augen machen,
Mit mir weinen und lachen
Und tun, was ich will.

Gläubig zu meinen Füßen
Darfst du den ganzen Tag
Auf dem Teppich knien.
Ich will dich an den Ohren ziehn
Und zwischen die Augen küssen,
Wenn ich mag.

Ich liebe dich!
Mit einem blauen Seidenband
Werd ich dich lenken.
Komm, küß mir die Hand!
Du sollst nichts denken
Als mich.
Mir gehörst du allein!
Für mich wirst du sorgen und singen,
Drachen töten, durch Reifen springen,

Wolle haspeln und Nüsse knacken
Und Dukaten kacken…

Wie schön wird das sein.

Karl Kraus
In der Viktualienhandlung des Vinzenz Chramosta

Chramosta (zu einer Frau): Der Schmierkas? Zehn Deka vier Kronen! – Was, zu teuer? Auf d' Wochen kost er sechse, wanns Ihna net recht is, gehn S' um a Häusl weiter und kaufn S'Ihna an Dreck, der wird nacher bülliger sein. Schamsterdiener! – (Zu einem Mann) Wos wolln Sö? Kosten wolln Sö? Sö Herr Sö, was glaubn denn Sö? Jetzt is Kriag! Wann Ihna a Dreck besser schmeckt, probiern S'n! – (Zu einer Frau) Was stessen S' denn umanand, a jeder kummt dran! Wos wolln S'? A Gurken? Nach'n Gwicht, aber dös sag i Ihna glei, zwa Kronen die klanste! – (Zu einem Mann) Wos? A Wurscht? Schaun S' daß weiter kummen Sö Tepp, wo solln mir denn jetzt a Wurscht hernehmen – was sich die Leut einbilden, wirklich großartig! – (Zu einer Frau) Wos schaun S' denn? Dös is guat gwogn, 's Papier wiegt aa! Jetzt is Kriag! Wann 's Ihna net recht is, lassen S' es stehn, kummen S' mr aber net mehr unter die Augen, Sö blade Urschl, dös sag i Ihna! – (Zu einem Mann) Sö, räsonniern S' da net allaweil herum, glauben S' i hörs net? Sö kriagn heut überhaupt nix – solche Kundschaften wia Sö aner san hob i scho gfressn, schaun S' daß außi kummen! – (Zu einer Frau) Der Gmüssalat kost zwölf Kronen! – Wos? Angschriebn? Ja angschriebn san acht Kronen, dös kann schon sein, aber kosten tuat er halt zwölfe. Dös san meine Höxtpreis, da wird net a luckerter Heller abghandelt! Wann S' ihn heut net wolln, kummen S' muring, da kost er vierzehne, habdjehre, Sö Drahdiwaberl, Sö – olstan, firti, verstanden? (Murren unter den Kunden.) Wos hör i do? Aufbegehren? Wann i no an Muckser hör, loß i olle wias do san einspirrn! War net schlecht! Für heut könnts gehn olle mitananda. Gfreut mi nimmer. So aner notigen Bagasch verkauf i überhaupt nix! (Die Anwesenden entfernen sich murrend. Ein Marktamtskommissär tritt ein.)

DER MARKTAMTSKOMMISSÄR: Revision!

CHRAMOSTA (verblüfft): Refision –?

DER MARKTAMTSKOMMISSÄR: Ich bitte um die Faktura vom Gemüsesalat.

CHRAMOSTA (sucht lange herum, überreicht sie zögernd): Ja – dös is – aber net – maßgebend. I hob extra no zohln müassn, daß i's überhaupt kriag!

DER MARKTAMTSKOMMISSÄR (notiert): Einkaufspreis 4 Kronen 50 Heller. Wie ist der Verkaufspreis?

CHRAMOSTA: No – acht! Können S' denn net lesen? Ja glauben denn Sö, unserans kriagt die Fiktualien gschenkt? Überhaupt – die Preise ham mir zu bestimmen, mirken S' Ihna dös! Do san mir kompatent! Wanns meinen Kunden recht is, gehts die Behörde an Schaß an! Jetzt is Kriag!

DER MARKTAMTSKOMMISSÄR: Hüten Sie sich, in diesem Ton fortzufahren! Ich mache die Anzeige wegen Preistreiberei!

CHRAMOSTA: Wos? Sö Hund Sö elendiger! Sö wolln mi umbringen? I bring Ihna um! (Er schleudert eine auf dem Verkaufspult stehende Porzellanschüssel mit Streichkäse im Gewicht von zwölf Kilogramm auf den Beamten, ohne ihn zu treffen.)

DER MARKTAMTSKOMMISSÄR: Die Folgen dieser

Handlungsweise werden Sie sich selbst zuzuschreiben haben!

CHRAMOSTA: Wos? i –? Sö Herr – hab ich Ihna vielleicht beleidigt? No olstan! Liaber Herr, do müassen S' früher aufstehn! Wer san denn Sö?! I wir Ihna schon zagn, wer i bin und wer Sö san! Mi wern S' net aufschreiben – mi net! I hob Kriagsanleih zeachnet, wissen S' wos dös heißt? Überhaupt – wos wolln denn Sö bei mir hier herin? I bin Steuerzahler, daß S' es wissen! Ich scheiß Ihna wos! Dös hab i scho gfressen, wann aner do einakummt, in die Preis umanandstierln – so a urtanärer Mensch, schamen S' Ihna – wann S' net auf der Stöll mein Logal verlassen, bin i imstand und vergreif mi an Ihna! (Er ergreift zwei Messer.)

DER MARKTAMTSKOMMISSÄR (zur Türe retirierend): Ich warne Sie!

CHRAMOSTA: Wos, warnen a no? Sö Amtsperson Sö! Sö Hungerleider! I bring Ihna um! (Wirft ihm einen Korb mit Haselnüssen nach.) A so a Beidl!

Robert Neumann

Chinesische Lyrik
oder
Eine Affaire in Briefen

Ottomar Schulze
Geschäftsreisender in Gablonzer Glaswaren,
derzeit Hankau, Chinesische Republik.

Herrn Professor Dr. Otto Hauser, Wien.

– habe ich anläßlich des Besuches bei einem chinesischen Dorfschullehrer Gelegenheit gehabt, in einem unbewachten Augenblick eine Abschrift des betreffenden Gedichtes zu nehmen. Hier ist sie:

tschuang ti kuang
kiü wang hiang
i schi to
ming sse wang

tse koi wu.

Ich zweifle nicht daran, daß es sich tatsächlich um eines der vor den Europäern sorgfältig geheim gehaltenen religiösen Gedichte handelt – wenigstens habe ich den unterfertigten Dichter Tse Koi Wu in meinem Handbuch nicht finden können –, und wird es mich freuen, der deutschen Wissenschaft durch Übersendung dieser Verse an einen so ausgezeichneten Kenner des Chinesischen wie Sie ebenfalls mein Scherflein abgestattet zu haben.

Hochachtungsvoll
Schulze m.p.

Dr. Karl Meier,
Privatgelehrter,
Heidelberg.

Herrn Otto Hauser, Wien.
Werter Freund!
Die wörtliche Übersetzung des in dem sehr schwierigen Fo-Dialekt abgefaßten Gedichtes lautet:

Mutter Knaben Bleibendem
Befehl fromm Heimkehrender
Warnung Daumen Gaumen
Schnitter schneidet blättergleich.

Es handelt sich um ein typisches Ghasel der Reinform a-a-x-a, wahrscheinlich aus der Zeit der Tu-Dynastie im zweiten Jahrtausend vor Christo stammend. Dafür sprechen nicht nur gewisse Wortbildungen, wie »hiang«, während der moderne Chinese »hiäng« geschrieben hätte, sondern vor allem auch der Autoren-Name Tse Koi Wu, der in dieser Form unbekannt ist. Meine persönliche Meinung geht dahin, daß der Chinese bei der Niederschrift seines Namens irrte und Tse Poi Lu schreiben wollte. Zwar ist auch dieser Name vollkommen unbekannt, aber »Poi Lu« bedeutet »Blütenland« – also einen Begriff, der poetischen Gedankengängen immerhin nahesteht. Stets gerne zu Ihren Diensten

der Ihre
Meier m.p.

Aus dem Aufsatz Otto Hausers im »Anzeiger für Kommerz und Literatur«:

– übergebe ich denn also hiermit die gültige Erstübersetzung der Öffentlichkeit:

Zu spät ...

(Nach dem Chinesischen des Tse Koi Wu.)

Der Knabe reitet – 's Mütterchen bleibt heim,
Wird seiner warten, fromm wie Honigseim.
Sie hält den Daumen ihm, sie warnt vor Trunk,*
Doch Schnitter Tod hat sie gemähet, kehrt er heim.

Läßt sich auch nicht der ganze Zauber des chinesischen Originales wiedergeben, so glaube ich doch, immerhin wenigstens einigermaßen, soweit meine bescheidenen poetischen Kräfte –

Karl Müller VIII.
Rechtsanwalt und Notar,
Berlin.

An die Schriftleitung des Anzeigers
für Kommerz und Literatur, Berlin.

– schon deshalb entschieden Protest erheben, weil in dem von mir verwalteten Nachlaß des Dichters Klabund die zweifellos lange Zeit vorher verfaßte Übersetzung des chinesischen Gedichtswerkes sich vorfindet, weshalb ich mir zur Wahrung der Prioritätsrechte für den Erblasser, beziehungsweise die erblasserischen

* Wörtlich Gaumen – im Chinesischen das Symbol der Maßlosigkeit.

Rechtsnachfolger gemäß § 313 lit. P ABGB. und §§ 481 lit. W bzw. 826 Abs. XIV lit. C LMIA alle Schritte ausdrücklich vorbehalte. Gemäß § 215 PG. fordere ich Sie daher auf, in der nächsten Nummer Ihrer Zeitschrift folgende tatsächliche Berichtigung zu bringen:

Unwahr ist, daß Herrn Otto Hausers in diesen Blättern unter der Spitzmarke »Zu spät...« veröffentlichtes, auf die Wortübertragung sich beziehendes Gedicht die Erstveröffentlichung einer gültigen Originalübersetzung des dort angezogenen Tse Koi Wu'schen Gedichtes aus dem Chinesischen darstellt.

Wahr ist vielmehr, daß das folgende, von mir dem Nachlasse des Dichters Klabund entnommene und zweifellos schon im Jahre 1903 abgefaßte Dichtwerk eine notwendigerweise vor der Hauser'schen Übersetzung entstandene Erstübersetzung ist. Der Wortlaut:

Mutter Knaben Bleibendem
Befehl fromm Heimkehrender
Warnung Daumen Gaumen
Schnitter schneidet blättergleich

wurde von Klabund in die folgende dichterische Fassung gebracht:

TOD IN DER SCHLACHT.

(Nach Tse Koi Wu.)

Die Mutter äugt ins Feld vom frommen Warteturm.
Heimkehr befahl der Kaiser aus dem Schlachtensturm.
O braune Warnung! Wo ihr Kind jetzt sei?
Der Gaumenvogel flattert auf im Schrei.
Gar mancher Schnitter schneidet keinen

Daumenwurm.
Der Tod fraß einen Knaben. Eine Mutter äugt vom Warteturm.

Hochachtungsvoll
Müller m.p.

Hans Bethge,
Berlin-Wilmersdorf.

An die Schriftleitung des Anzeigers
für Kommerz und Literatur, Berlin.
Ich habe lange genug geschwiegen – ich melde mich zu Wort. Der Prioritätsstreit zwischen dem Klabundschen Nachlaß und Herrn Otto Hauser interessiert mich nicht. Nur zur Steuer der Wahrheit stelle ich fest, daß ich das wörtlich mit

Mutter Knaben Bleibendem
Befehl fromm Heimkehrender
Warnung Daumen Gaumen
Schnitter schneidet blättergleich

übersetzte Gedicht des mir selbstverständlich im Urtext vertrauten chinesischen Dichters Tse Koi Wu schon im Jahre 1879 als damals dreieinhalbjähriger Knabe aus dem Chinesischen in deutsche Verse übertragen habe, und zwar in die Verse:

Ernte des Kaisersohnes

(Nach Tse Koi Wu.)

Zum Knaben Li neigt' sich die Kaiserin,
Die schimmernde, und hob die Hand von Jade,
Und sagte: »Sieh, die Schnitter kehren heim!
Du aber folge züchtig dem Gebot.
Dem bleibenden, das von des Kaisers Gaumen
Gesprochen ward, zieh aus ins Lotosfeld,
Nach dem mein zarter Daumen eben weist!
(Die Silberlerchen rufen Warnung! Horch!)
Du aber zieh hinaus, mein Li, und mähe
Die Lotosblumen! (Oh!)« – Da schreitet schon
Der kaiserliche Knabe, angetan
Gleich einem schlichten Schnitter, und er schwingt
Die Sense, daß die Lotosblätter rauschen.

...

Die Sense schwingt er, daß der Lotos rauscht...

Es besteht also wohl kein Zweifel, daß die Priorität mir gebührt. Übrigens bin ich in der Lage, in der Person meiner damaligen Gesellschaftsdame Frieda Schulz, deren Aufenthalt mir derzeit allerdings leider unbekannt ist, eine einwandfreie Zeugin zu führen.

Hochachtungsvoll
Bethge m.p.

Redaktion des Anzeigers
für Kommerz und
Literatur, Berlin.

An das Sinologische Institut, Tsingtau.
– Sie vor allem den Dichter Tse Koi Wu veranlassen wollten, sich zu diesem Konflikt zu äußern. Auch für die Übersendung der sämtlichen Werke des chinesischen Autors wären wir Ihnen dankbar, da die bei uns täglich einlaufenden zahlreichen Anfragen –

Hochachtungsvoll
Die Redaktion.

Sinologisches Institut,
Tsingtau.

An die Redaktion des Anzeigers
für Kommerz und Literatur, Berlin.
Sehr geehrte Herren,
die Erledigung Ihres gefl. Schreibens hat sich einigermaßen verzögert, da immerhin umfangreichere Recherchen nötig waren.

Ihre Anfrage wegen eines Dichters Tse Koi Wu ist uns nicht ganz verständlich. »Tse Koi Wu« ist gewöhnlicher Nanking-Dialekt und bedeutet »Aus dem Deutschen« – will sagen: das Ihnen vorgelegte chinesische Gedicht war, und zwar offenbar von einem Schüler, aus dem Deutschen ins Chinesische übertragen worden.

Wir haben noch ein übriges getan und durch Vermittlung des Instituts für Auslandsdeutschtum in Stuttgart erheben lassen, welches deutsche Gedicht da eigentlich übertragen worden ist. Die recht mühseligen Nachforschungen haben ergeben, daß es sich um ziemlich mangelhaft übersetzte Verse des bekannten Buches »Struwelpeter« handelt. Der deutsche Urtext der betreffenden Zeilen lautet:

Konrad, sprach die Frau Mama,
Ich geh fort und du bleibst da.
Sei hübsch ordentlich und fromm,
Bis nach Haus ich wieder komm.
Und vor allem, Konrad, hör:
Lutsche nicht am Daumen mehr!
Denn der Schneider mit der Scher
Kommt sonst ganz geschwind daher,
Und den Daumen schneidet er
Ab, als ob Papier es wär!

Mit dieser Aufklärung, die Ihnen, wie wir hoffen, bestens dienen wird, erledigt sich vermutlich der Rest Ihrer Fragen von selbst.

In vorzüglicher Hochachtung
Sinologisches Institut,
Tsingtau.

Anton Kuh
Der Kapellmeister

...Wenn sie alle vollzählig versammelt sind und sich mit ihren quäkenden, quiekenden, kratzenden, brummenden Instrumenten genug boshaften Schabernack angetan haben, steigt schleunigen Schrittes ein Herr hinauf und bereitet dem Unfug momentan ein Ende.

Das ist der Kapellmeister.

Er hält in der rechten Hand einen Stab.

Sein Gesicht ist leidvoll, bekümmert, aufs äußerste gefaßt. Er verrät auf den ersten Blick den Freund der Ruhe und des instrumentalen Stillschweigens, die Angst vor der unvorhergesehenen Verletzung, die die Atmosphäre durch einen Violinenstreich oder Trommelschlag oder einen Fauxpas der Bässe erleiden könnte. Aber es nützt ihm nichts! Der Vorsatz von hundert Mann, die Ruhe gerade in dem Augenblick zu stören, wo sie aufs peinlichste hergestellt scheint, ist stärker als er.

Da, richtig! – die Primgeige setzt ein...

Er beschwört sie mit der linken Hand: »Psst – kein Lärm – ich kann es nicht vertragen!« Vergebens! Schon eilen ihr, Mann für Mann, die übrigen Streich-Streiter zu Hilfe, er muß kategorisch den Stab über sie senken, vorgebeugt und nach dem allerletzten weit hinten langend, der offenbar an dem ganzen Wirbel schuld ist.

Aber jetzt geht es erst tapfer los.

Eine Flöte, bisher brav verborgen, mischt sich drein. Der Kapellmeister eilt ihr voll Besorgnis entgegen:

»Um Gottes willen, nur jetzt nicht – in diesem Augenblick!«

Eine Bratsche beginnt. Ein Ruck seines Körpers dahin, die Linke greift weit vor in den Raum, drückt die Luft nieder, da es ihr nicht mit dem Bratschisten selbst gelingt.

O Gott, nun beginnt auch noch die Oboe zu faseln! Der Kapellmeister legt beschwörend den Finger auf den Mund: »Nicht, ich beschwöre Sie, ich kann eine Oboe nicht hören. Der Arzt –«

Aber in diesem Augenblick lassen ihn die Posaunen zurückprallen, er verliert beinah kopfüber das Gleichgewicht und drängt den Ansturm mit beiden Händen gleichzeitig zurück.

Er hat eine Idiosynkrasie gegen Musik offenbar. Er haßt jedes instrumentale Geräusch und möchte davor bis ans Ende der Welt fliehen. Und immer müssen die Töne zur Unzeit sein Ohr treffen, gerade in der Tausendstelsekunde, die so geeignet dafür erschienen, den Einsatz zu verpassen!

Der Unglückliche! Nun weint das Cello, und der Versuch, es durch fassungsloses Finger-an-den-Mund-Legen (er küßt sich voll Zärtlichkeit dabei den Nagel) einzulullen, erzielt die gegenteilige Wirkung: die leise Wehklage wird zum Plärren verstärkt, gleich dem Sang eines Wahnsinnigen hinter Zellengittern. Ein Achselwurf hinüber! – das Waldhorn dröhnt. Der Kapellmeister hält diktatorisch die flache Hand vor, ihm Schweigen gebietend. Und immer, wenn er gerade dem einen Instrument den milden Strafsermon der Hände hält, seine Beruhigung gütlich erzwingen will, reißt ihn von der Gegenseite ein anderes zu sich. Oh – alles macht ihn nervös!

Die Flöte, die ihr zu abendlicher Schwermut so gern erklingen hört, sie tönt ihm wie das Geräusch eines über Barchent fahrenden Nagels!

Jeder Ton der Klarinette – ein Ritsch-Ratsch des Griffels auf der Schiefertafel! Es bleibt ihm nichts übrig, als nach vorn und dann nach rückwärts, mit beiden Händen gleichzeitig, jetzt dem Fagott entgegen, jetzt linkerhand zur Viola zu bitten, betteln, winseln, flehen, der vorwitzigen Harfe abzuwinken: »Ich brauch dich nicht – bleib drüben!«, den Streichern, mit dem Gesäß einknickend und aufwippend, zuzudonnern: »Schluß! Punkt! Aus«, gerade aber in diesem Augenblick nach der Tuba herüberzufahren mit einem entsetzten: »Die auch noch?«, bis er, stundenlang so hin- und hergeworfen, widerstandslos gegen die Brandung der gegen ihn verschworenen Instrumente, naß wie ein ausgewundener Fetzen, zurücksinkt – drei Akte »Tristan«, meisterhaft dirigiert, sind zu Ende.

Wilhelm Busch
Vorrede zu »Maler Klecksel«

Das Reden tut dem Menschen gut;
Wenn man es nämlich selber tut;
Von Angstprodukten abgesehn,
Denn so etwas bekommt nicht schön.

Die Segelflotte der Gedanken,
Wie fröhlich fährt sie durch die Schranken
Der aufgesperrten Mundesschleuse
Bei gutem Winde auf die Reise
Und steuert auf des Schalles Wellen
Nach den bekannten offnen Stellen
Am Kopfe, in des Ohres Hafen
Der Menschen, die mitunter schlafen.

Vor allem der Politikus
Gönnt sich der Rede Vollgenuß;
Und wenn er von was sagt, so sei's,
Ist man auch sicher, daß er's weiß.

Doch andern, darin mehr zurück,
Fehlt dieser unfehlbare Blick.
Sie lockt das zartere Gemüt
Ins anmutreiche Kunstgebiet,
Wo grade, wenn man nichts versteht,
Der Schnabel um so leichter geht.

Fern liegt es mir, den Freund zu rügen,
Dem Tee zu kriegen ein Vergnügen
Und im Salon mit geistverwandten,
Ästhetisch durchgeglühten Tanten
Durch Reden bald und bald durch Lauschen
Die Seelen säuselnd auszutauschen.
Auch tadl' ich keinen, wenn's ihn gibt,
Der diese Seligkeit nicht liebt,
Der keinen Tee mag, selbst von Engeln,
Dem's da erst wohl, wo Menschen drängeln.
Ihn fährt die Droschke, zieht das Herz
Zu schönen Opern und Konzerts,
Die auch im Grund, was nicht zu leugnen,
Zum Zwiegespräch sich trefflich eignen.

Man sitzt gesellig unter vielen
So innig nah auf Polsterstühlen,
Man ist so voll humaner Wärme,
Doch ewig stört uns das Gelärme,
Das Grunzen, Blärren und Gegirre
Der musikalischen Geschirre,
Die eine Schar im schwarzen Fracke
Mit krummen Fingern, voller Backe,
Von Meister Zappelmann gehetzt,
Hartnäckig in Bewegung setzt.
So kommt die rechte Unterhaltung
Nur ungenügend zur Entfaltung.

Ich bin daher, statt des Gewinsels,
Mehr für die stille Welt des Pinsels;
Und, was auch einer sagen mag,
Genußreich ist der Nachmittag,
Den ich inmitten schöner Dinge

Im lieben Kunstverein verbringe;
Natürlich meistenteils mit Damen.
Hier ist das Reich der goldnen Rahmen,
Hier herrschen Schönheit und Geschmack,
Hier riecht es angenehm nach Lack;
Hier gibt die Wand sich keine Blöße,
Denn Prachtgemälde jeder Größe
Bekleiden sie und warten ruhig,
Bis man sie würdigt, und das tu' ich.

Mit scharfem Blick, nach Kennerweise,
Seh' ich zunächst mal nach dem Preise,
Und bei genauerer Betrachtung
Steigt mit dem Preise auch die Achtung.
Ich blicke durch die hohle Hand,
Ich blinzle, nicke: »Ah, charmant!
Das Kolorit, die Pinselführung,
Die Farbentöne, die Gruppierung,
Dies Lüster, diese Harmonie,
Ein Meisterwerk der Phantasie.
Ach, bitte, sehn Sie nur, Komteß!«
Und die Komteß, sich unterdes
Im duftigen Batiste schneuzend,
Erwidert schwärmrisch: »Oh, wie reizend!«
Und wahrlich! Preis und Dank gebührt
Der Kunst, die diese Welt verziert.

Der Architekt ist hochverehrlich
(Obschon die Kosten oft beschwerlich),
Weil er uns unsre Erdenkruste,
Die alte, rauhe und berußte,
Mit saubern Baulichkeiten schmückt,
Mit Türmen und Kasernen spickt.

Der Plastiker, der uns ergötzt,
Weil er die großen Männer setzt,
Grauschwärzlich, grünlich oder weißlich,
Schon darum ist er löb- und preislich,
Daß jeder, der z. B. fremd,
Soeben erst vom Bahnhof kömmt,
In der ihm unbekannten Stadt
Gleich den bekannten Schiller hat.

Doch größern Ruhm wird der verdienen,
Der Farben kauft und malt mit ihnen.

Wer weiß die Hallen und dergleichen
So welthistorisch zu bestreichen?
Alfresko und für ewig fast,
Wenn's mittlerweile nicht verblaßt.
Wer liefert uns die Genresachen,
So rührend oder auch zum Lachen?
Wer schuf die grünen Landschaftsbilder,
Die Wirtshaus- und die Wappenschilder?
Wer hat die Reihe deiner Väter
Seit tausend Jahren oder später
So meisterlich in Öl gesetzt?
Wer wird vor allem hochgeschätzt?
Der Farbenkünstler! Und mit Grund!
Er macht uns diese Welt so bunt.

Darum, o Jüngling, fasse Mut;
Setz auf den hohen Künstlerhut
Und wirf dich auf die Malerei;
Vielleicht verdienst du was dabei!

Quellenverzeichnis

HANS ADLER
Die Braut spricht
Aus: Rote Laterne, Schwarzer Humor. München 1973 (Deutscher Taschenbuch Verlag), S. 33

PETER ALTENBERG
Gedicht (Ich nahm mir ein Mädchen...)
Im Volksgarten
Sanatorium für Nervenkranke
Aus: P. A. – Auswahl aus seinen Büchern von Karl Kraus, Wien 1932, S. 108, 39–40, 277–281

ANONYM
Ein Übungsbeispiel für Kommunikation!
Aus: Archiv des Herausgebers

WOLFGANG BORCHERT
Schischyphusch oder Der Kellner meines Onkels
Aus: Das Gesamtwerk, Reinbek 1991, S. 285–297

WILHELM BUSCH
Die erste alte Tante sprach...
Er stellt sich vor sein Spiegelglas...
Es flog einmal ein muntres Fliegel...
Gestern war in meiner Mütze...
Wer möchte diesen Erdenball...
Wirklich, er war unentbehrlich!...
Reue
Vorrede zu »Maler Klecksel«
Aus: Sämtliche Werke. Herausgegeben von Rolf Hochhuth. Gütersloh o. J., Band 1; ebd. Band 2

VINZENZ CHIAVACCI
Adabei in Karlsbad
Adabei in Marienbad
Adabei in Venedig
Aus: Der Herr von Adabei. Ausgewählt von Otto Schenk. Wien 1986, S. 25–30, 19–24, 15–18

ARMIN EICHHOLZ
Black and White
Aus: In flagranti. Parodien. München 1990, S. 18–20

EGON FRIEDELL
Die österreichische Seele
Aus: Heribert Illig (Hg.): Das Friedell-Lesebuch. Verlag C. H. Beck, München 1988,

GÖSING
Violine
Aus: Humor am Rand der Notenlinien. Karikatur, Parodie, Satire im Zeichen der Musik. Auswahl, Einleitung und Anmerkungen von Lothar Knessel. Salzburg 1966, S. 121–124

JOHANN WOLFGANG GOETHE
Rettung
Beruf des Storches
Aus: Sämtliche Gedichte. Erster Teil. München 1961 (Deutscher Taschenbuch Verlag), S. 18–19, ebd. Dritter Teil, S. 125
Gespräch mit einem österreichischen General
Aus: Goethes Gespräche 1805–1817. Zweiter Band der Biedermanschen Ausgabe
Artemis und Winkler, Zürich 1969

PETER HAMMERSCHLAG
Abschiedsbrief des poetisch veranlagten Stubenmädchens Lisi an ihren Elektriker
Liebeslied an ein Proletariermädchen
Aus: Der Mond schlug grad halb acht. Grotesk-Gedichte. Eingeleitet und herausgegeben von Friedrich Torberg. Wien / Hamburg 1972, S. 78–79, 88

JAROSLAV HAŠEK
Pepiček Nový erzählt von der Verlobung seiner Schwester
Rowohlt Verlag, Reinbek bei Hamburg

HEINRICH HEINE
Sie saßen und tranken …
Alte Rose
Aus: Sämtliche Werke in vier Bänden, Band 1. München 1961, S. 120–121, 565
Artemis und Winkler Verlag, München 1961

ERICH KÄSTNER
Steckbrief
Aus: Gesammelte Schriften für Erwachsene. Zürich 1969
© Erich Kästner Erben, München 1993

EPHRAIM KISHON
Es zuckt
Aus: Das große Kishonbuch. Satiren, München 1974, S. 33–41
© Langen-Müller Verlag in der F. A. Herbig Verlagsbuchhandlung, München 1974

ERNST KEIN
An lipizana mecht i
De ringldaum
Fileichd bin i
Fois se a fremda san
I woa scho
Waun an fiamling
Waun i da keisa gwesn waa
Waun i sinia
Waunsd a glik hosd
Aus: Wiener Panoptikum. Wien / München 1970,
© Jugend und Volk Verlag, Wien / München 1970
An bostn hob i griagt
Aseitig bin i
Daas de briwilegien

Daas fia jedn bostn
Des is aa wos
I besuch
I hob glei gsogt
In di söbsbedinungsledn
I ria do ee
Iwas buagdeata
Meine organe
Mia brauchds
Ned nua daas de
Neidig sans ma
Schimpfts ned imma
Wiari hea di gsundheid
Wo aundas wand ma zeascht
Aus: Weana Schbrüch. Salzburg / Wien 1990, S. 11, 14, 15, 19, 22, 23, 25, 26, 32, 33, 36, 49, 56, 58, 76, 90, 94

A foisch gebiis
Da maraunibroda
De darm san in de katakombm
Di daunau gibds
Fria hosd
In unsan besalbak
Waun i a dakl waa
Aus: Wiener Grottenbahn. Wien / München 1972, S. 69, 58, 33, 39, 59, 69, 68

KARL KRAUS
Der Biberpelz
Aus: Magie der Sprache. Frankfurt / Main 1974, S. 70–76

In der Viktualienhandlung des Vinzenz Chramosta
Aus: Die letzten Tage der Menschheit. Frankfurt / Main 1986, S. 333–335

ANTON KUH
Der Kapellmeister
Aus: Luftlinien. Wien 1992

GOTTHOLD EPHRAIM LESSING
Die eheliche Liebe
Aus: Gesammelte Werke. Berlin / Weimar 1968, Band 1, S. 229

ERNST LOTHAR
Die Tür zum Glanz
Aus: Die Tür geht auf

FRANZ MOLNAR
Georg und die Liebe
Aus: Buben und Mädel. Dialoge. Berlin 1913, S. 5–14

CHRISTIAN MORGENSTERN
Der Hecht
Der Gaul
Aus: Der Gingganz. München 1988, S. 23, 22

WOLFGANG AMADEUS MOZART
Kleiner Rat an seine Schwester Nannerl
Aus: Wolfgang Amadeus Mozart, Briefe. Ausgewählt und herausgegeben von Stefan Kunze, Stuttgart 1987, S. 350
Philipp Reclam jun., Stuttgart 1987

ERICH MÜHSAM
Kleiner Roman
Aus: Rote Laterne, Schwarzer Humor. München 1973, S. 35

ROBERT NEUMANN
Ich lasse mich nicht!
Aus: Ad absurdum. Auswahl und Einführung von Elisabeth Pablé. Salzburg
Aus dem Roman »Teutonen«
Chinesische Lyrik oder Eine Affäre in Briefen
Der tolle Bomberg
Aus: Unter falscher Flagge. Ein Lesebuch der deutschen Sprache für Fortgeschrittene. Neue Parodien. Berlin / Wien / Leipzig 1932, S. 153–156, 223–232

ALFRED POLGAR
Gesang mit Komödie
Das Kind
Sein letzter Irrtum
Aus: Kleine Schriften, Reinbek 1983
© Rowohlt Verlag, Reinbek 1983

RODA RODA
Die Geschichte
Das goldne Wienerherz
Aus: Das große Roda Roda-Buch. Wien / Hamburg 1988, S. 448, 402–404
Johann Kiefer
Aus: Krokodiltränen. Ausgewählte Werke in 2 Bänden. Berlin / Wien / Leipzig 1933, S. 129–133
© Paul Zsolnay Verlag, Wien / Darmstadt 1988

OTTO SCHENK
Theatergeschichten I und II
© Otto Schenk

FRIEDRICH SCHILLER
Bittschrift
Aus: dtv-Gesamtausgabe Band 1. Gedichte 1776–1788. Philosophische Gedichte. Elegien. München 1965, S. 124–125

KORY TOWSKA
Gebet vor dem Balle
Aus: Parodistische Schelmenstreiche. Berlin o. J.

KURT TUCHOLSKY
Deutsch für Amerikaner
Wo kommen die Löcher im Käse her?
Aus: Gesammelte Werke. Herausgegeben von Mary Gerold-Tucholsky und Fritz J. Raddatz. Reinbek 1975, Bd. 7, S. 125–127, ebd. Bd. 6, S. 210–213
© Rowohlt Verlag, Reinbek 1960

FRANZ WERFEL
Der Dirigent
Aus: Das lyrische Werk. Hg. von Adolf D. Klarmann. Frankfurt/Main 1967

HANS WEIGEL
Imperativstapelei
Aus: Lachendes Österreich. Wien, S. 277–278

Wir danken den genannten Verlagen und Rechteinhabern für die freundliche Genehmigung zum Abdruck. Einige konnten leider trotz größter Bemühungen nicht ermittelt werden.